가든 타임

Garden time

가든 타임

Garden

단단한 삶을 위한 시간

이소원 지음

time

퍼블리온
Publion

마음껏 꿈꾸고 꽃피울 수 있도록
나의 대지가 되어주신 부모님께

▌정원이 전하는 삶의 언어를 찾아

유심히 도시 곳곳의 작은 틈을 탐색하고 관찰합니다. 몇 해 전 '빛나는 숲'이라는 프로젝트를 시작한 이래 생긴 버릇입니다. '빛나는 숲'은 한동안 교육자로 살던 제가 진짜 '땅' 위에 서고 싶다는 열망에 다시 현장으로 돌아오며 기획한 프로젝트입니다. 원래 여기저기 누비는 것을 좋아하는 데다 드디어 오랫동안 꿈꾸던 일을 하게 된 열정이 더해져 그간 더 열심이었던 것 같습니다. 프로젝트를 시작하던 그때의 제 눈을 보았더라면 아마 더없는 호기심에 반짝거렸을 겁니다. 정원의 경험은 저를 꿈꾸게 합니다. '정원이 도시를 가득 채우면 참 좋을 텐데'라는 꿈. 색색이 고운 조각보처럼 다채로운 빛의 작은 정원 하나하나가 모여 커다란 초록빛 보자기가 되는 꿈을 꿈니다. 도시를 빛나는 생기로 덮어줄 푸른 보자기이지요. 그래서 도시가 아름답게 '빛나는 숲'이 되는 날을 위해 오늘도 꿈꾸고 행동합니다.

그러나 간절한 꿈이 이끌어도 저 또한 일상에 치이다 보면 현실 속 감각을 잃고 종종 헤매곤 합니다. 이 땅의 모든 일하는 엄마가 그렇듯, 두 아이를 키우는 엄마인 저도 부산하고 분주한 아침을 지나면 하루가 시작되기도 전에 이미 지친 느낌이 듭니다. 정신은 여전히 꿈속을 헤매는 듯 아득하고, 현실의 몸은 나른하기만 하지요. 그렇게 허둥지둥 아침 출근길 지하주차장을 빠져나오면 그 앞의 작은 정원 사이로 아침 햇살이 쏟아져 내립니다. 길고 낮게, 그리고 휘어지고 부러진 나뭇가지들 사이로 색색의 잎이 빛이 납니다. 모두 다른 빛으로. 찬란한 초록빛의 여울을 보며 절로 살아 있음에 감사하게 되는 순간입니다. 온 세포의 감각이 푸르게 살아나는 듯합니다. 나의 하루에 어떤 일이 기다리더라도 어제의 내가 어떠했더라도 새롭게 나를 추슬러 다시 살아볼 용기가 절로 납니다. 게다가 계절별로 달라지는 빛과 그림자 그리고 세상의 온갖 색들이라니. 바쁜 일상에도 잠시나마 계절 속으로 나를 디밀고 아름다움에 물드는 순간입니다. 이런 의미로 삶은 축복입니다.

푸른빛에 마음이 젖어 온실문을 엽니다. 밤새 기다렸을 고요한 정원이 온 팔을 벌려 저를 맞이합니다. 진정한 하루의 시작입니다. 제가 일하는 가드닝센터에는 수없이 많은 사람이 오갑니다. 제가 만나는 분들이 비슷한 질문을 합니다. "정원이 뭐죠? 어떻게 하면 잘 즐길 수 있을까요?" 심지어 정책과 문화를 만드는 관련 업계 종사자들도 정원의 본질에 대해 문득 궁금해합니다. 갑자기 트렌드가 되어버린 가드닝. 이와는 별개로 아직 우리나라의 정원문화가 조금 부족한 탓이겠지요. 묻는 이에게 저는 매번 정원의 놀라운 힘과 즐거움, 효용 등에 대해 신나서 설명합니다. 이야기를 듣던 누군가 그러시더군요. "혼자 듣기 아깝습니다. 차라리 책을 한 권 내 보세요."

누구나 몸과 마음 가까이 정원을 두고 즐기며 정원이 주는 무한한 혜택을 누리길 바라는 마음이 이 책의 시작이었습니다. 정원에 들어서면 누구나 깨닫습니다. '너무 좋은데, 뭐라 표현할 길이 없네.' 맞습니다. 정원은 말로 담기에는 너무나 섬세하고 다감각적인 장소입니다. 오랜 시간 정원 곁에 기대어 지낸 저도 이따금 할 말을 잊곤 합니다. 이런 정원이 주는 즐거움을 이야기하고 싶었습니다. 왜 우리에게 정원이 필요한지. 정원을 어떻게 우리 삶에 깊이 들일 수 있는지도 말입니다.

오늘도 정원의 순간을 자세히 살피고 수집합니다. 정원의 아름다움, 가치, 힘 등을 대상에 맞추어 안내하고 잘 누릴 수 있도록 돕는 일이 저의 직업이니까요. 저는 정원이 궁금한 모든 이들을 위한 안내자입니다. 정원이 제게 그랬듯, 세상에 지친 이들을 이 책을 통해 돌보고 경험을 나누고 싶습니다.

우리 모두는 삶의 탐험가들입니다. 세상 곳곳에 흩뿌려진 삶의 조각들을 발견하고 그 과정에서 성장하며 사유를 통해 깊어지지요. 삶의 생기와 감각이 정원에 있습니다. 정원 속의 모든 생명들이 태어나 살며 고군분투 속 상처들을 회복하고 삶의 진한 여운을 즐기는 그 과정을 따라 글을 엮었습니다. 이 책이 정원을 즐기며 삶을 발견하고, 사유를 통한 성장과 회복을 돕는 다정한 안내서가 되기를 희망합니다.

책을 읽는 모두가, 정원의 숨에 기대어 일상의 쉼에 닿기를 바랍니다.

2026년 2월
이소원

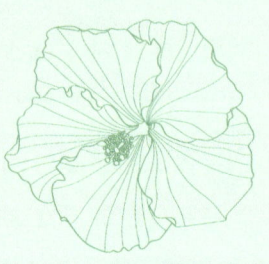
Part
1 발견   정원 안에서 나를 발견하는 시간

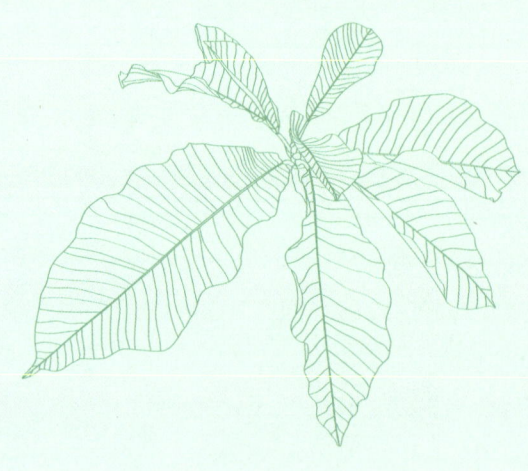

▌정원은 나와 만나는 곳

가장 아름다운 정원이 어디였나요? 사람들이 묻는다. 질문한 이가
좋아할 만한 정원을 마음속으로 떠올려보지만 결국 답은 하나다. 내
마음속에 있지요. '에이 그러지 말고 한곳 추천해주세요.' 아름다운 곳
은 지천이다. 봄날의 길가는 눈이 닿는 곳마다 꽃이다. 여름이 한창인
숲은 푸른 생기가 넘치고. 고즈넉한 사찰의 가을은 절로 마음이 푸근
하다. 겨울철 인적이 끊긴 도시의 공원을 걸어본다. 한 해의 소란 속 잠
들었던 영혼이 깨어나는 느낌이다. 상대에 맞춰 안 가보곤 못 견디게끔
추임새를 넣어가며 설명을 한다. 하지만 같은 장소라도 의미는 모두 다
를 것이다. 정원의 순간은 매번 새롭고 경험한 이의 마음 또한 다르기
때문이다. 그래서 하나의 정원이 주는 기억과 경험은 모두 다르다.

전라남도 담양에 있는 소쇄원瀟灑園은 조선 중종 시대의 학자 양
산보梁山甫, 1503~1557가 스승 조광조가 기묘사화로 사사되자 이른 나이

에 낙향하여 조성한 정원이다. 세상의 어지러움에 담을 치고 안빈낙도를 꿈꾸며 조성한 원림圍林으로 한국정원의 아름다움을 잘 담아낸 대표적인 민간정원이다. 자연에 그릇됨 없이 세심히 조성된 정원도 아름답지만, 공간 곳곳에 많은 이야기가 담겨 사람들이 사랑하는 한국정원으로 손꼽는 곳 중 하나다. 학생 시절 정원을 전공하는 학생이라면 으레 수업 내용으로 접하던 이곳을 학과에서 단체로 교육기행을 다녀왔다. 양산보의 몇 대손이라 하셨던가. 소쇄원을 관리하시는 분의 상세한 공간별 설명을 흥미롭게 들은 기억이 난다. 그 이후에도 소쇄원을 소개하는 책자나 다녀온 분의 이야기를 들으며 이따금 풍경들이 기억이 났으나 그저 아름다운 별서정원일 뿐이었다.

그랬던 소쇄원이 다른 의미의 공간이 된 건 그 후로도 한참 지난 후였다. 현업을 떠나 학생들을 가르치던 내가 마음이 머무는 정원을 만들겠노라 호기롭게 회사를 차리고 새롭게 시작하던 몇 해 전이다. 기반도 없이 간절한 마음만으로 뛰어든 사업은 너무나도 어렵고 버거웠다. 게다가 팬데믹까지 한창이라 수업마저 할 수 없게 되어 내일이 잘 그려지지 않았다. 지금도 그때를 되돌아보면 마치 끝없는 허허벌판에 홀로 서 있는 기분이 들곤 한다.

늦여름 어느 날, 일 때문에 전라도 광주에 들를 일이 생겼는데 근처 소쇄원이 생각나 방문하게 되었다. 한풀 꺾였다 하나 여전히 더운 여름의 오후였고 마침 한창인 배롱나무의 꽃이 사방에서 야단스럽게도 피어 있었다. 청량한 대나무 숲을 지나 닿은 소쇄원은 여전히 고즈넉했고 세월을 지나온 나는 새롭게 공간의 의미를 가늠해볼 수 있는 나이가 되어 있었다. 천천히 한 바퀴를 돌아 광풍각光風閣 마루 끝에 앉아 한숨을 돌려본다. 그제야 내가 건너온 통나무 다리 아래로 물이 굽이치며 돌아 내려가는 소리가 들리고 그늘진 처마 아래로 떨어지는 밝은 빛이 보인다. 소쇄원의 광풍각은 손님을 위한 공간이다. 가슴에 둔 뜻의 맑고 밝음이 비 온 뒤 맑게 갠 후 부는 청량한 바람과 같기를 바란 뜻을 담고 있다.

시간을 건너 공간에 깃든 주인의 마음이 내게 닿았던 걸까. 어지러웠던 마음이 잔잔해지고, 서늘한 바람 한 줄기가 마음에 부는 듯했다. 그때의 나는 뜻을 품어도 뜻 속에 있지 못했고, 공간에 머물러도 끝없이 떠오르는 고민과 함께 있었다. 하지만 그 순간 난 광풍각 속에 오롯이 나로 존재했다.

다시 대나무 숲길을 건너 되돌아 나올 때 대나무의 푸르름은 더욱 짙어졌고, 발걸음엔 절로 힘이 들어갔다. 누가 나에게 소쇄원이 어떻더냐고 묻는다면 나는 '나'와 만나는 곳이라고 할 것이다. 그 후로도 나는 종종 마음속 소쇄원에 간다.

이제 눈을 감고 당신의 정원을 만나보자. 당신의 정원은 어떤 모습인가? 정원 안에서 무엇을 보고, 느끼고, 사고하며 누구와 연결되었는가? 정원을 보는 것은 나를 보는 것이고, 정원과의 연결은 내 마음과의 연결이다. 정원에서 느끼는 효능감은 자연 속에서 나의 경험과 비례하게 된다. 그래서 우리는 자연과 더 많이 그리고 더 깊이 연결되어야 한다. 내가 돌보는 정원이 내 집안의 정원이건 공공의 정원이건

간에, 책상 위의 작은 화분 하나이건 혹은 마음속에 있는 가상의 정원이라 하더라도 오직 나만의 정원이다. 정원의 깊이만큼 마음은 성장할 것이고 정원이 다채로울수록 삶은 의미로 가득 차 빛날 것이다.

소쇄원 광풍각. 가슴에 둔 뜻의 맑고 밝음이 비 온 뒤 맑게 갠 후 부는 청량한 바람과 같기를 바란 뜻을 담고 있다.

발견

정원은
마음으로 머무르는 곳

○ ──────── 정원에 나가 잠시 눈을 감아본다. 바람결에 계절의 향기가 미세하게 실려 온다. 그렇게 잠시 서 있자 이번엔 소리가 들리기 시작한다. 새가 지저귀는 높은음의 소리, 화답이라도 하듯 들리는 부스럭거리는 낮은음의 소리, 바람이 나뭇가지에 비벼대는 소리까지 생명이 가득한 정원이다. 유희의 시간이 지나 다시 눈을 뜬다. 겨울이 깊은 1월의 정원은 여전히 침묵 속이다. 차가워진 뺨 너머 마음은 기이하게 따뜻하다. 겨울의 정원은 잠이 든 듯 모든 것이 얼어붙었지만 내게는 언제고 풍요로운 따뜻한 외딴 섬이다. 나에게 정원은 계절에 있지 않고 내 마음속에 있기 때문이다.

하나의 자연이 주는 효능감은
개개인이 가진 필요에 따라 다르다

──── 정원은 단순히 쉼과 여가를 위한 장소가 아니다. 우리는 다기능적인 공간으로서 정원을 바라보아야 한다. 정원은 우리의 몸과 마음을 돌보고, 건강한 삶을 위한 활동을 하는 곳이다. 이는 개개인의 필요에 따라 다양한 역할을 한다. 마음과 신체의 병이 있는 사람에겐 적극적인 치료의 공간이 된다. 도시민의 생활을 풍요롭게 해주는 수확물을 줄 것이며. 아이들에겐 즐거운 놀이 공간이 되어준다. 노후에는 자연에 기대어 삶을 정리하고 존엄 있는 죽음을 맞이할 수 있는 공간이 될 것이다. 무엇보다 정원은 모두가 삶의 질을 높이고 돌봄의 가치를 배울 수 있는 곳이다. 이렇듯 하나의 정원을 통한 사람들의 이용은 수없이 다르다. 정원은 개인의 필요에 맞게 변용되며 바라보는 시각에 따라 끊임없이 재해석이 되는 공간이다.

> 저것은 벽
> 어쩔 수 없는 벽이라고 우리가 느낄 때
> 그때 담쟁이는 말없이 그 벽을 오른다.
> (중략)
> 저것은 넘을 수 없는 벽이라고
> 고개를 떨구고 있을 때
> 담쟁이 잎 하나는

담쟁이 잎 수천 개를 이끌고 결국 그 벽을 넘는다.

-〈담쟁이〉, 도종환

도종환 시인의 시 〈담쟁이〉의 일부다. 시를 읊으며 시의 무게가 모두에게 다르듯이 담쟁이가 뒤덮인 벽을 바라보는 사람들의 마음 또한 다양할 것이다. 누군가에게는 그저 벽일 뿐이고 또 다른 누군가는 계절을 볼 것이다. 야망 있는 청년은 끝내 벽을 뒤덮는 담쟁이를 보며 끈기와 희망을 다짐할지도 모를 일이다. 하나의 정원에 담긴 감정은 이토록 다양하다.

누구나 닿을 수 있는 정원이지만 그 안에서 개개인이 겪는 경험은 매우 주관적이다. 우리는 많은 것을 배운다. 아이일 때 꽃, 나무, 흙, 나비, 별 등 하나씩 단어로 시작하여 어른이 되어서도 끊임없이 알고자 한다. 대상을 향한 지적인 접근 방식은 자연을 대할 때도 예외가 아니어서 자연에서 겪는 감정, 느낌, 감각 등까지 설명해내고자 한다. 하지만 아무리 섬세한 말을 쓴다고 한들 자연을 정확하게 표현해낼 수 있을까? 타인이 해석해주는 자연의 경험에 얼마나 동화될 수 있을까. 나 스스로 자연에 하나가 되는 몰입을 통해 감각하고 사유한 것만이 나의 정원이다.

담쟁이가 뒤덮인 벽을 바라보며 누군가는 그저 벽을 볼 뿐이고 또 다른 누군가는 계절을 볼 것이다.

내 안의 자연감각을 깨워
정원과 연결되다

—— 세상을 살다 보면 누구나 힘들고 어려울 때가 있다. 이때 누군가 그저 내 이야기를 들어주고 공감해주었을 뿐인데 위로받고 치유되는 경험을 하게 된다. 그날 소쇄원에서의 경험은 나를 새롭게 회복시켰다. 나는 순간 자연의 소리에 귀를 기울였고, 주의 깊게 들여다보았다. 나와 자연이 만들어낸 공명의 순간이었다. 자연의 생명력이 내 안에 흘러들어와 나를 돌봄으로 내가 회복된 것이다. 단지 나는 '경청'했을 뿐인데 자연은 물소리로, 빛으로 내 안에 들어와 복잡하게 얽혀 있던 나의 감정을 자유롭게 흐르게 해주었다.

막연하게라도 우리는 자연이 소중하다는 것을 안다. 자연과 연결을 통해 삶이 풍요로워질 것이라는 사실 또한 알고 있다. 하지만 지금 내 삶의 우선순위를 살펴보자. 늘 자연은 뒷전이다. 물론 우리가 극단적인 삶의 어려움에 직면했을 때 자의든 타의든 자연에 기대야 하는 순간이 오기도 한다. 우연한 기회에 자연과 연결된 사람들도 있다. 물론 일부는 비범한 자연감각으로 자연과 함께하는 삶을 누리며 산다. 하지만 이는 일부의 특별한 삶이고 평범한 우리는 늘 녹색갈증이 난다. 심지어 이런 욕구를 외면하고 편리한 도시의 삶에 암묵적으로 찬성한다. 그러면서도 뭔가 잘못되지 않았나 갸웃거리며 오늘을 산다.

자연감각은 생태와 환경에 대한 감수성이다. 이는 타고나는 것일까.

아니면 나중에 배움으로 얻게 되는 능력일까. 우리는 '바이오필리아' 이론에서 답을 구한다. 바이오필리아는 보통 '생명사랑'으로 번역되는데 인간에게는 태생적으로 생명에 대한 사랑과 존중이 내재되어 있다는 이론이다. 애써 근거를 찾지 않아도 우리는 본능처럼 자연을 찾는다. 예쁜 꽃을 보면 절로 눈길이 가고 공원, 강, 숲과 같이 자연이 근거리에 있는 주거지를 선호한다. 예전엔 도시에서도 집 앞 화단에 꽃을 심었고, 건물이 점점 높아지자 옥상에 정원을 만들고 실내에 식물을 들인다. 그렇게 우리는 본능적으로 자연감각을 지니고 있다.

안타깝게도 우리는 자연과 너무나도 멀어져서 감각은 무뎌졌고 연결은 느슨해졌다. 심지어 내 안의 감각조차 인지하지 못하는 사람도 있다. 도시가 주는 일상의 스트레스는 당연하여 적응만이 해법이라 생각한다. 자연감각을 되살려 본래 타고난 대로 자연스럽게 살아가는 일은 멀리 있지도 어렵지도 않다. 시작은 내 안과 내 앞의 자연에 대한 경청이다. 마음을 다해 듣고 공감하는 것이다. 내게 작은 화분 하나를 선물해보자. 이 작은 식물을 키우는 경험이 삶과 자연과의 심오한 관계를 깨우치는 실마리가 되어줄 것이다. 여린 식물이 보여주는 매일의 성장, 그리고 함께 자라는 내가 그곳에 있다. 마음이 담긴 작은 화분 하나가 온 세상과 같은 크기로 내게 머물 것이다.

정원은 오감을 깨워
삶의 활력과 쾌적함을 높인다

○ ─────────── 매일의 삶에서 내 자리를 찾지 못한 느낌이 들면 나는 어김없이 작은 정원 속 나의 자리로 가서 하염없이 작은 숲을 올려다본다. 화창한 날은 나무 끝에 반짝이는 햇살이 아름다워서, 비가 오는 날이면 나뭇잎에 떨어진 빗소리와 함께 한껏 물을 머금고 진해진 초록빛이 좋아서. 눈이 오는 고요함이, 계절이 바뀌는 것이 반가워서. 또 매미소리 새소리가 좋아서 넋을 놓고 앉아 바라본다. 처한 상황이 어떻든 간에 작은 숲은 내게는 쉼이고 다독임이며 무엇보다도 삶의 감각을 일깨워주는 공간이다. 잔뜩 긴장하고 돌아온 날, 나의 진정한 쉼과 치유가 그곳에서 시작되었다.

회복을 위한 환경
– 주의력 회복과 자연스럽게 매료되기

──── 미국 미시간대학교의 환경심리학자 스티븐 캐플런Stephen Kaplan 과 레이철 캐플런Rachel Kaplan 부부는 주의력 회복 이론ART, Attention Restoration Theory, 1989을 통해 현대인의 정신적 피로와 스트레스, 주의력 저하 문제를 자연환경과의 관계에서 설명했다. 일상에서 사람들은 다양한 목표를 달성하기 위해 의식적으로 주의를 기울여야 하고, 이 과정에서 우리는 많은 에너지를 소모하며 피로가 누적된다. 하지만 자연과 같이 의식적인 노력이 불필요한 환경에서는 주의를 집중하기 위한 피로가 낮아짐으로써 우리의 의식은 '휴식'을 취하게 된다. 특히 아름답고 편안한 요소가 많을수록 정신적인 피로도가 낮다.

캐플런 교수의 이론에 따르면, 저절로 눈은 가지만 주의를 크게 기울이지 않는 환경을 '회복 환경'이라고 한다. 이러한 회복 환경을 위해서는, 일상과 거리감이 느껴지는 환경으로의 '벗어남Being Away', 새로운 경험과 탐색이 충분히 가능할 만큼의 '넓이감Extent', 이해하기 쉬우면서도 개인의 요구에 맞는 '적합성Compatibility', 그리고 가장 핵심적인 요소인 의식하지 않아도 자연스럽게 관심을 끄는 '매혹감Fascination' 등 네 가지 조건이 필요하다고 했다.

정원은 머무름이 없다. 시시각각으로 변하는 미묘함은 매번 새로운 감각을 경험시킨다. 정원 가득히 채운 생명은 언제나 다른 모습으로 우리의 시선을 끈다. 날씨는 매일 다른 질감과 온기를 만들어낸다.

식물은 다양한 색과 형태를 지녔고, 꽃의 섬세한 색감은 우리의 시각을 흥미롭게 자극한다. 정원에 찾아든 다양한 생물과 더불어 바람의 소리, 빗방울이 떨어지는 소리 등과 같은 자연의 소리는 청각을 즐겁게 자극한다. 정원이 내어주는 다양한 맛을 맛보며 우리는 가공식품과 조미료의 인공적인 맛에 길든 미각을 회복한다.

털수염풀의 보드라운 질감, 정원 속 바위의 단단하고 거친 질감, 오래된 나무의자의 매끈한 질감 등을 경험하며 다양한 촉각을 경험한다. 막 벌어지기 시작한 작약의 꽃잎에서 느껴지는 가벼운 향기부터 땅의 투박하고 묵직한 냄새까지. 정원에는 다양한 냄새가 존재하고, 자연의 다채로운 향기는 후각을 섬세하게 자극한다. 이렇듯 정원에는 매력적인 것들이 끊임없이 생산되고, 섬세한 자극을 통해 감각을 회복시킨다.

감각의 균형
– 정원에서의 자기 성찰과 마음챙김

——— '자연은 정신에 수월하다Nature is easy to the mind.' '자연의 영원한 고요 속에서 그는 비로소 자신을 되찾는다In their eternal calm, he finds himself.' 미국 사상가 랠프 월도 에머슨Ralph Waldo Emerson, 1803~1882의 수필 〈자연Nature〉(1836)의 문구처럼 자연은 항상 사람을 회복시키는 강력한 치료제가 된다. 정원에서 보내는 시간을 통해 무뎌졌던 감각이

되살아나고 감각 하나하나에 오롯이 집중하게 되면 그 끝에는 '내'가 있다.

근래 종종 언급되는 '마음챙김Mindfulness'이란 마음속에 흐르는 다양한 의식을 있는 그대로 알아차리는 일종의 명상법이다. 불교 명상의 핵심인 고대 인도어 '사티Sati'에서 유래한 용어로 현대에 와서는 종교적인 맥락 너머 심리적 안정과 치유를 위한 실용적인 용도로 사용하고 있다. 마음챙김의 핵심은 나의 생각과 감정, 감각 그리고 나를 둘러싼 환경을 애써 판단하지 않고 그저 열린 마음으로 바라보는 것이다. 정원에서 보내는 모든 시간은 마음챙김의 순간이다. 식물을 관찰하며 주의를 기울이고, 돌봄을 통한 동질감은 삶의 감각을 일깨운다. 흙을 만지며 느끼는 흙의 촉감, 냄새 그리고 흙 안에서 예고 없이 나오는 지렁이들에 놀라는 그 순간은 현재의 내게 생생하게 전달된다.

과도하게 집중되거나, 혹은 느낄 새도 없이 잘게 쪼개졌던 일상의 감각들이 정원 안에서 생생하게 내게 닿는다. 회복된 감각을 통해 감정을 온전하게 느끼고 표현하게 된다. 조화로운 감각은 삶의 균형을 되찾아 주고 오롯한 몰입의 순간을 준다. 정원 안에서 이루어지는 경험을 통한 물리적·심리적인 평온은 마음챙김과 자기 성찰을 촉진한다. 내가 주체가 되어 느끼는 감각들은 내 안의 생명력을 마주보게 한다.

특히 정원을 가꾸다 보면 무엇보다 모든 순간을 '나'로 채울 수 있는 권리를 되찾는 기분이다. 주의 깊게 듣고 적절한 대답을 하지 않아도 되는 권리, 불편한 상황에서 불안하고 초조하지 않아도 되는 권리, 흥미롭지 않은 것에 대해 마음을 속이지 않아도 되는 권리, 내 감정에만 오롯이 집중할 수 있는 권리 등 말이다. 정원에서 보내는 시간은 모든 관계와 외부의 자극에서 벗어나 오로지 나에게만 집중하는 순간이다.

외부의 소음이 잦아든 고요한 정원에서 자연의 소리가 되살아난다. 새들의 다양한 지저귐, 작은 풀벌레의 울음, 나무 사이에 이는 바람 그리고 바람이 흔들어대는 나뭇잎들의 소리, 풀들이 비벼대며 내는 사각거림 등. 늘 새롭고 기분 좋으며 평온한 소리들이다. 이러한 평온함을 따라 정원 속의 향기와 질감, 빛과 공기의 결 등이 내게 온다. 하나씩 감각하며 몰입하는 순간, 생명이 가득한 자연은 우리에게 '지금 여기에', 온전한 나로서 '살아 있음'을 일깨워준다.

정원에서 보내는 시간은 모든 관계와 외부의 자극에서 벗어나 오로지 나에게만 집중하는 순간이다.

우리를
푸르게 하는 힘

○ ─────────── 한국인에게 가장 좋아하는 색을 묻자 파랑색, 초록색 등과 같은 푸른 계열이 높았다는 연구결과를 인상 깊게 본 적이 있다. 푸른빛은 산과 강, 하늘, 나무, 풀, 호수 등 자연이 연상되는 색으로 생명이 가득한 색이고 편안한 색이다. 중세시대 독일의 수녀이자 의학, 작곡 등 다방면으로 활동한 힐데가르트 폰 빙엔 Hildegard von Bingen, 1098~1179은 자연의 푸른색을 빗대어 '비리디타스 Viriditas'라고 했다*. 이런 상징을 통해 자연 속 푸른빛에 담긴 생명과 창조의 힘이 인간과 깊은 차원의 연결을 통하여 영향을 미친다고 했다. 이 푸른 힘은 신성이자 자연이고 인간이다. 생명의 힘은 차원을 넘어 치유와 영속적인 삶을 준다. 그래서일까? 우리는 본능적으로 푸른빛을 선호하고, 자연스럽게 살아 있는 것에 이끌린다. 특히 자연 속 식물의 삶을 보면 인간의 일생과 닮아 있고 우리는 식물을 보며 삶을 새롭게 배운다.

• 라틴어의 '비리디타스'는 '푸르름'을 뜻한다.

식물이 주는
위로와 위안

──── "언니 이것 좀 보세요!" 음악가로 활발하게 활동 중인 지인이
동영상을 한 편 보내왔다. 직접 찍은 강낭콩의 성장일기다. 한해살이
콩과 식물인 강낭콩은 성장이 빠르고 씨앗에서 싹이 잘 터서 초등학
교 교과과정 중 식물의 한살이를 교육하기 위해 사용된다. 아이 학교
에서 보내준 강낭콩 몇 알을 심었는데 아이보다 자신이 더 흥미롭게
지켜보는 중이란다. 보내준 동영상은 여러 날 카메라를 고정하여 싹
이 나서 줄기를 올리는 과정이 찍혀 있었다. 강낭콩은 푸른 싹을 빼
꼼 내민 뒤 마치 춤을 추듯 한들거리며 쑥쑥 키를 키운다. 보자니 슬
며시 웃음이 난다.

나 혼자 보기가 아까워 수업에 쓸 요량으로 동영상에 영화 〈콰이
강의 다리〉에 나와 유명해진 '보기 대령 행진곡'을 넣어 편집해보았
다. 어쩌나 음악과 영상이 잘 어울리는지 마치 강낭콩 새싹이 개선장
군처럼 행진하는 것 같다. 나도 모르게 홀린 듯 동영상을 보고 또 돌
려보았다. 주변 사람들에게도 보여주었더니 역시 다들 흥미롭게 보
고 또 본다. '실은 저도 식물 키우는 동영상을 잘 찾아봐요. 물 주고
시든 잎을 제거해주고, 식물 관리하는 영상이 나름 힐링되더라고요.'
수줍은 고백과 함께. 신기한 것투성인 요즘 세상에 어찌 보면 단순한
이런 장면의 전달력이 무척 놀랍다.

영화 〈레옹〉에서 잔혹한 킬러인 주인공이 작은 식물을 가장 가까

운 친구라 부르며 애지중지 키우던 모습이 참 인상적이었다. 영화의 끝에 마틸다가 레옹의 식물을 땅에 심어주는 장면이 나온다. 아마 평생 어디에도 정착하지 못한 채 고독하게 살다 죽은 그를 위해 근원에 닿는 편안한 쉼을 주고 싶었던 게다. 레옹과 작은 식물은 정서적으로 하나였다. 레옹의 식물인 '아글라오네마'는 열대우림이 원산지로 환경이 맞지 않은 프랑스 땅에서 오래 자라지는 못했을 것이다. 레옹이 세상에 제대로 뿌리내리지 못했듯이 그의 식물도 작은 분에 담겨 그저 표류 중일 뿐이니까. 몰입감 있는 이야기였지만, 그때 정서로는 식물에 대한 깊은 유대가 크게 공감하기 힘들었던 것도 사실이다. 수십 년이 지난 오늘날에서야 사람들의 모습에서 레옹과 식물의 관계를 종종 본다. 그야말로 반려가 된 식물을 키우는 것을 보면 그새 참 많이 변한 것 같다. 식물은 어느새 공간을 아름답게 꾸미기 위한 일방적인 돌봄에서 감정을 나누는 교감의 대상이 되었다.

동영상을 보내준 이의 환희에 가득 찬 목소리가 동영상과 함께 쉬이 잊히질 않는다. 이건 마치 첫아이가 걸음마를 하며 '엄마~' 하는 모습을 바라보는 그것과 다르지 않다. 평생 악기만 매만졌을 손이 흙을 묻히고 식물을 쓰다듬는 모습을 생각하니 낯설기도 하고 신기하기도 하다. 아마도 이런 사람이 많을 것이다. 우연히 접하게 된 식물에 마음을 쏙 뺏긴 이들 말이다. 그야말로 식물이 반려가 되어 나의 위로와 위안이 되는 시대다. 어째서 식물은 이토록 사람들의 마음을 앗아간 것일까?

생명사랑의 본능은
우리의 DNA에 내재되어 있는 자연스러운 결과

──── 자연과 생명에 대한 사랑은 타고나는 것일까? 아니면 후천적으로 배우는 취향 같은 것일까? 오랫동안 식물에 기대어 직업을 가지고 많은 이를 만난 나는 사람들의 이야기를 다양하게 듣게 된다. 그러다 문득 깨달은 사실이 하나 있다. '저는 식물이 너무 좋고 알고 싶어요'라고 말하는 사람은 많지만, '저는 식물이 싫어요'라고 말하는 것은 한 번도 들은 적이 없다는 것이다. 대신 '식물은 좋지만 키우기가 어렵다'라고 하거나, '죽일 것 같아 키우지 않는다' 혹은 '좋은지 싫은지 잘 모르겠다'라고 했다. 낯설 수는 있으나 자연이 주는 느낌이 싫은 사람은 없었다. 나아가 어쩐지 끌린다는 사람도 많았다.

인류의 직접적인 조상인 호모 속 사피엔스 종은 아프리카 대륙의 사바나 지역에서 출현했다는 것이 학자들의 견해다. 인류의 긴 진화 과정에서 문명을 건설하고 도시에 살게 된 것은 불과 얼마 전의 일일 뿐, 우리는 대부분의 시간을 자연에 기대어 살아왔다. 처음부터 우리는 자연과는 상관없이 도시 안에서 탄생해 살아온 것처럼 행동하지만 지금 우리의 현대문명은 마치 찰나의 순간과도 같다고 이야기한다.

이런 진화의 관점으로 보면, 우리는 너무 빠르게 문명화를 이루어 냈으나 인류의 진화 속도는 더뎌서 여전히 본능적으로 사바나의 생활을 기억하고 있다. 그래서 자연이 친숙하고 자연과 분리된 현대의 도시가 편안하게 느껴지지 않는 것이다. DNA에 깊이 각인된 생명에 대한 친근함과 애착을 일컬어 '바이오필리아Biophilia(생명애)'라고 한다. 독일계 미국인인 사회심리학자 에리히 프롬Erich Fromm, 1900~1980이 오랫동안 철학적으로 탐구되어온 인간의 원초적인 자연과의 깊은 연결감에 대해 '바이오필리아'라는 용어로 언급했다. 후에 미국 생물학자 에드워드 윌슨Edward O. Wilson, 1929~2021이 《바이오필리아Biophilia》에 개념을 구체화하면서 대중에게 널리 인식되었다.

동물원 우리 속 오랑우탄의 슬픈 눈을 본 적이 있는가? 우리 안의 오랑우탄과 눈이 맞은 짧은 순간, 나에게 동물원은 즐거운 나들이 장소가 아니라 보호의 허울을 뒤집어쓴 폭력적인 곳처럼 느껴졌다. 몹시 불편한 기분이 든 이후로 나는 동물원을 잘 찾지 않게 되었다. 아무리 한껏 꾸며주고, 좋은 먹이를 제공한다 한들 동물들에게는 삶과 분리된 감옥 같은 곳이기 때문이다. 가끔 도시 속 삶이 팍팍하게 느껴질 땐 기억 속 오랑우탄에 내 모습이 겹쳐 보이기도 한다. 자연과 분리된 삶은 사는 게 아니라 생존하기 위해 버티는 것처럼 느껴지기 때문이다. 우리가 본성에 기대어 행복하게 잘 살기 위해서는 원래 그랬듯이 자연환경이 필요하다.

바이오필리아보다 적극적인 행동인 홀토필리아

——— 우리에게 《아내를 모자로 착각한 남자The Man Who Mistook His Wife for

a Hat》(1985)로 잘 알려진 영국 태생의 신경학자 올리버 색스Oliver Sacks, 1933~2015는 우리가 식물을 바라볼 때 본능적으로 안정과 행복감을 느낀다고 했다. 뉴욕의 한 병원에서 환자들의 회복에 미치는 공간과 경험의 영향을 세심히 연구한 뒤 식물이 주는 치유의 힘에 대한 많은 견해를 남겼다. 색스는 생전에 관심 있게 들여다본 주제인 '인간과 자연의 깊은 유대감'에 대해 사후에 남긴 저서《모든 것은 그 자리에Everything in its Place》(2019)에서 '홀토필리아Hortophilia'를 이야기한다.

홀토필리아는 그리스어에서 유래한 말로 정원을 뜻하는 'hortus'와 사랑을 뜻하는 'philia'가 결합된 말이다. 생명을 사랑하는 바이오필리아를 넘어선 개념인 홀토필리아는 적극적으로 식물을 가까이 접하고 싶은 본능을 말한다. 우리의 근원인 자연에 닿고 싶은 본능적인 욕구를 위한 능동적인 행동이며 자기 치유 행위다. 색스의 오랜 뉴욕 생활을 버티게 해준 것은 가까이에 있던 식물원과 직접 키우는 식물이었다고 한다. 우리도 내면의 홀토필리아를 마주 보아야 한다. 정원과 함께하는 생명력이 가득한 일상은 우리를 더욱 푸르게 빛낼 것이다.

정원이 일터인 나는 식물에 싸여 사는 일상이다. 하지만 작은 방 안 모니터와 씨름하자면 문밖의 정원은 너무나 멀고 때로는 업무의 중압감에 멀미가 난다. 얼마 전 사무실 내 책상 위에 작은 화분을 들였다. 수업이 끝난 후 남겨져 여기저기 치이던 아이다. 아침에 출근해서 식물을 살피고 가볍게 분무해준다. 방안의 해를 따라 가끔 자리를 옮겨주기도 하고 가끔은 우습지만 식물에게 중얼거리기도 한다.

식물이 들어온 순간부터 방안 공기가 달리 느껴지는 건 기분 탓일까? 아무리 예쁘게 꾸며도 삭막하던 내 책상 위가 한결 편안하고 온기마저 느껴진다. 나는 직장생활의 어려움과 고단함을 어느새 작은 식물에 의지해 풀어내고 있었던 것이다.

모를 땐 몰랐지만 한번 알게 되면 끊기 어려운 게 식물의 세계다. 일단 발을 들이면 자꾸 눈에 들어오고 궁금해진다. 마음까지 주었다면 게임 끝. 아마 식물이 없는 생활은 못 견디게 삭막할 것이다. 그래서 핸드폰 속 사진첩에는 식물 사진이 가득할 것이고, 겨우내 식물이 죽어 속상해도 봄이 되면 식물 파는 곳을 나도 모르게 기웃거리게 된다. 이끌림에 애써 저항하지 말자. 이건 우리의 DNA 속 깊은 곳에 내재하는 본능이니, 당혹스러울 것도 즉흥적인 기분 탓도 아니다.

자연에 대한 깊은 끌림이 아무리 본능에 깊이 새겨져 있다 하더라도 우리가 알아차리지 못하면 자연에 닿을 도리가 없다. 심지어 이런 욕구를 무시한다면 결국 자연과 연결되는 방법도 잊을지 모를 일이다. 우리는 늘 그래왔듯 환경에 맞추어 진화하니까 말이다. 본능적인 욕구에 적극적으로 응답하자. 우리의 일상 가까이에 정원이 꼭 있어야 하는 이유는 우리 모두 자연환경에 기대어 살아야 하는 존재이기 때문이다. 자연스러움은 모두에게 깃들어 있고 우리는 자연과 다름 아니다.

식물이 들어온 순간부터 방안 공기가 달리 느껴진다. 아무리 예쁘게 꾸며도 삭막하던 사무실이
한결 편안하고 온기마저 느껴진다.

꽃을 보듯 나를 보며
나의 진짜 모습을 발견하다

해가 쏟아지는 봄날 오후, 도심 속을 천천히 걷다 돌담 틈에 핀 민들레 한 송이를 보았다. 돌과 돌 사이 흙이 넉넉히 있을 리 만무하다. 어쩌다 편한 곳 말고 애달프게 여기서 꽃이 피었니? 가만히 묻는다. 꽃은 말이 없고 그저 노란 얼굴을 해사하게 보여줄 뿐이다. 꽃은 내가 자라는 곳을, 생김을 불평하지 않는다. 그저 상황에 맞게 주어진 몫의 삶을 살아갈 뿐이다. 민들레는 민들레답게, 장미는 장미답게 산다. 민들레는 빨간 꽃 파란 꽃이 되고자 하지 않는다. 장미는 제 몸에 붙은 가시를 부끄러워하지 않는다. 담벼락에 피어도 잔디밭 위에 피어도 민들레는 민들레다. 나는 '나'이듯이.

자연은 우리가 누구인지,
무엇을 가졌는지 묻지 않는다

———— "이모 'T'세요?" 딸처럼 귀히 여기는 아이가 눈을 똥그랗게 뜨고 묻는다. 제 엄마랑 하는 대화를 엿들은 모양이다. 확신에 찬 아이는 이내 "티라미수케익(티라 미숙해)~"이러면서 유행하는 노래를 부른다. 발랄한 춤과 함께. 참으로 귀여운 열한 살이다. 춤까지 보았으니 이젠 'F'여도 'T'라야만 한다. MBTI로 특징을 나누는 일이 초등학생 사회생활에서도 꽤나 중요한 일인가 보다. 예전에는 서로 혈액형을 묻더니 요샌 누구든 만났다 하면 MBTI를 묻는다. 일종의 궁합 찾기인데, 유형으로 성격을 파악하여 나와 맞고 안 맞고를 미리 짐작해본다. 관계를 맺고 상대방을 알아가는 게 아니라 미리 가늠해본 후 관계를 맺겠다는 얘기다.

나는 예나 지금이나 이러한 편 가르기에는 큰 흥미가 없는 편이다. 4가지 혈액형이 16가지 유형으로 세분화되었다고는 하나, 몇 가지 유형이 사람의 복잡한 특성을 담을 리 없다. 그저 가볍게 재미로 본다지만 누군가는 그 틀에 자꾸 갇히기 때문이다. 난 그저 나이면 좋겠고, 상대 또한 유일한 당신이면 좋겠다. 급기야 MBTI의 유행을 타고 식물 MBTI까지 등장했다. 사람들의 재치에 감탄하게 된다. 유형에 맞는 식물을 추천하거나 식물의 특성을 나누어 MBTI로 구분하는 등이다. 가만히 생각해보니 식물은 우리가 자신을 무어라 부르든 관심이 없을 것 같다. 그저 우리만 즐겁고 진지한 모습에 웃음이 난다.

긴 겨울 끝에 만난 노란 꽃이 반가워 가만히 들여다본다. 이렇게 예쁜데 잡초라니! 어쩐지 미안한 마음이 든다. 하지만 미안해 말자. 민들레는 우리가 잡초라 불러도, 귀한 꽃이라 여겨도 큰 관심이 없다. 민들레의 관심은 오직 꽃을 피워 씨앗을 날려 보내는 것에 있을 뿐이다. 흔히 잡초는 뜻하지 않은 장소에 자리 잡은 식물을 일컫는다. 잡초라는 조금은 모욕적인 분류도 사람의 잣대일 뿐이다. 밟혀도 다시 일어난다는 것 또한 우리의 환상이다. 일어서는 대신 옆으로 누운 채 다시 꽃을 피우는 데 힘을 쓴다. 할 일을 해내곤, 이내 담담히 사그라든다.

실은 내가 키우는 식물도 나에게 큰 관심이 없다. 내가 잘 돌보든 말든 상관 없다는 뜻이 아니다. 식물을 키워본 사람은 누구나 알 것이다. 매일 식물과 눈 맞추는 그 짧은 순간이 식물도 나도 건강하게 잘 살게 한다는 사실을 말이다. 다만 키우는 손길에만 감응한다는 뜻이다. 나의 외모가 아름다운지, 뚱뚱한지 날씬한지, 키가 큰지 작은지 식물은 궁금해하지 않는다. 나의 경제력과 직업 또한 중요치 않다. 그저 서로를 돌보는 존재, 그 본질에만 집중할 뿐이다.

SNS로 만들어진 디지털 가짜자아를 내려놓고
실제인 나와 만나보자

——— 개인적인 성향에 따른 정도 차이는 있겠지만 어쨌든 사람은

사회 속에서 산다. 끊임없이 관계 맺음을 하고 그 안에서 내 모습을 가늠한다. 모든 무리 짓는 존재에게 소속감은 생명이 달린 일이다. 집단을 이루는 동물이 무리에서 떨어져 홀로 지낸다는 것은 생존에 문제가 생겼다는 뜻이다. 사람도 결국 무리 짓는 동물이기에 고립감은 여러모로 삶을 벼랑 끝에 내몰게 한다. 관계의 단절은 고립을 만들고, 심리적 단절은 존재의 가치를 스스로 흔든다.

그래서일까? 사람들은 끊임없이 연결되고자 한다. 손에는 스마트폰이 항상 들려 있고 SNS에 끊임없이 나란 사람을 알리려 노력한다. 내 모습과 생각, 일상, 취향, 관계까지 모두 콘텐츠가 된다. 사람들의 '좋아요' 버튼을 얻기 위해 내 모습을 애써 꾸미거나 심지어 과장되게 연출하기도 한다. 이런 가상의 소속감에서 얻는 만족감은 현실에서 자꾸 멀어지게 한다. 이미 인정욕구가 채워진 사람에게 현실의 관계는 피로일 뿐이다. 만들어진 디지털 속 내 모습이 정교할수록 스스로도 뭐가 진짜인지 헷갈리게 된다.

"핸드폰을 잠시 가방에 넣고 지금은 이 순간에 집중해볼까요?" 가드닝 프로그램 중인 사람들에게 말을 건넨다. 고개를 끄덕이며 가방에 넣는 사람부터 마지못해 넣는 사람까지 제각각이다. 그러나 슬그머니 스마트폰은 다시 탁자 위에 올라와 있고 저도 모르게 만지작거리게 된다. 언제든지 화면을 건드려 어디에든 연결되고 있다는 안도가 필요한 것이다. 그러나 프로그램 참여 횟수가 늘어날수록 사람들이 스마트폰을 찾는 시간이 잦아든다. 스마트폰보다 더 안정감을 주고 눈길을 사로잡는 존재가 나타났다는 뜻이고, 실제의 세상에 스스로 존재함을 인지했다는 뜻이다.

"시간 가는 줄 모르겠어요. 저 가드닝에 재주가 있나 봐요." 프로그램을 마친 분이 밝게 웃으며 말을 건넨다. 수업 직전에 내게 자신의 사진을 찍어줄 수 있냐 묻고 실시간의 일상을 SNS에 올리던 이다. 핸드폰을 넣자는 말에 처음에는 머뭇거리더니 시간이 흐를수록 엄청난 집중력을 보여주었다. "오랜만에 뭔가에 집중해본 것 같아요." "너무 즐겁네요. 선생님 제 것 너무 멋지지 않나요?" "어짜피 집에 가면 이것뿐이라 제 것이 제일 이뻐요." 이미 경계가 허물어진 사람들은 내게, 서로에게 웃으며 스스럼없이 대화를 건넨다. 처음의 삭막한 긴장감과는 분위기가 사뭇 다르다. 사람들의 순수한 기쁨을 보는 일, 그래서 수업이 끝난 이 순간이 가장 즐겁다.

자연과의 공명을 통해
비로소 바라보는 나

―――― '선생님 너무 즐거워 보여 사진 한 장 몰래 찍었어요. 보내드립니다.' 이게 언제 찍힌 건가 싶어 기억을 더듬어본다. 아무리 봐도 땡볕에서 풀을 뽑으며 한창 불평을 늘어놓던 때 같다. 하루를 보내다 마음이 화끈거릴 때면 조용히 뒷 정원으로 간다. 누구에게든 생채기를 내지 않는 하루를 보내는 나만의 비법이다. 뜨거운 해를 피해 쓴 모자 아래 내 얼굴에 미소가 가득하다. 분명 마음이 답답해 올라갔

는데 웃을 일이 뭐가 있었나 싶다.

곰곰이 순간을 되짚어보니 짚이는 게 있다. 따가운 햇살 아래 식물은 잘도 자란다. 뽑아주어야 할 잡초라지만 뒤돌아보면 쑤욱 자라 있는 모습이 신기해마지않다. 넓은 잎사귀 아래를 헤쳐보니 살겠다고 눈을 피해 다글다글 모여 있다. 생명의 힘에 감탄은 들긴 하나 잡초를 응원도 못 하겠고 그저 웃으며 타박 중이었다. 무엇 때문에 그리 화가 났더라? 나를 집어삼킬 것만 같던 감정도 이내 잠잠해진다. 그리곤 내 감정을, 그 감정에 쏠린 내 모습을 찬찬히 들여다보게 된다. 나의 정원은 의식하지 못했을 뿐 매일 나를 다정히 챙기고 있었다.

정원을 돌보다 보면 자주 시간의 흐름을 잊게 된다. 작정하고 무언가 시작했는지, 그저 한번 잘 있나 보러 갔다가 주저 앉았는지 상관없이 정원의 시간은 빠르고도 느리다. 머릿속엔 온갖 생각이 스치고 간다. 생각은 꼬리를 물고 이어지고 하다하다 친구네 강아지 생각까지 한다. 그러다 순간 머릿속이 텅 비는 때가 온다. 그러곤 나란 존재가 너무도 생생히 느껴진다. 이 순간 숨 쉬고 있는 나, 바삐 움직이는 내 두 손, 단단히 땅에 디딘 내 발, 그리고 내 마음. '살아 있구나!' 정원에서 나는 내 모습으로 세상에 존재하고 있음을 온 감각을 통해 느낀다.

너무도 유명한 나태주 시인의 시 〈풀꽃〉의 한 구절처럼 우리의 아름다움도 오래 자세히 보아야 보인다. 진정한 아름다움은 외부에 있지 않고 내 안에 있기 때문이다. 길가에 핀 작은 꽃 한 송이 자세히 들여다보면 무심한 아름다움에 깜짝 놀랄 때가 있다. 이름도 모르는 잡초꽃이 이렇게 예쁠 일인가 싶다. 꽃을 보듯 나를 한번 바라봐주자. 부족함 투성이인 나 자신을 마주 보는 건 늘 힘겹다. 예쁜 구석보다 못난 구석이, 고운 심성보다는 뒤틀린 욕망이 더 깊은 흔적을 남기기 때문이다. 그래도 길가의 풀꽃을 보듯 찬찬히 들여다보자. 산다고 애쓰는 내 모습이 보인다. 더러 못날 때도 부족할 때도 있지만 모두가 처음인 삶에서 성장을 위한 시행착오다. 그저 잘하고 있다고 힘내라고 따뜻하게 손 한번 잡아주면 좋겠다.

길가에 핀 노란 민들레에 등에 한 마리가 날아든다. 민들레는 등에나 벌이 꽃가루받이를 도와준다. 씨앗을 만들기 위해서는 등에의 도움이 꼭 필요하고 등에는 노란색 꽃에 잘 날아든다. 등에가 날라다 준 꽃가루에 수정 성공. 이제 씨앗을 만들어서 날릴 차례다. 길가던 이가 후~후~ 불지 않고는 못 견디게끔 몽실몽실하게 말이다. 자연은 꽃으로 나무로 끊임없이 얘기해준다. 내가 나다울 때 가장 나답게 잘살 수 있다고 말이다. 세상이 만들어준 모습에 나를 억지로 끼워 맞추지 말고 내 안의 나를 바라보자. 우리는 모두 삶의 이유를 품고 이 땅에 나왔고, 그 가치는 남이 갖고 있지 않다. 내 몫의 삶은 오로지 나만 살아낼 수 있다. 삶은 결국 나를 만나는 여정이고, 정원은 그 길 위의 든든한 동반자가 되어줄 것이다.

담벼락 사이에 핀 애기똥풀(위)과 왕고들빼기(아래). 산다고 애쓰는 내 모습이 기특하다. 더러 못날 때도 부족할 때도 있지만 모두가 처음인 삶에서 성장을 위한 시행착오다.

정원은 울타리 속
나만의 천국이다

"여기 해가 뜨네요. 그리고 저는 말하죠. '이제 다 괜찮아.'"
(Here comes the sun. And I say, It's all right.)
- 비틀스The Beatles, <Here Comes The Sun>

○ ─────────── 정원에 햇살이 쏟아져 내린다. 울타리 속 나의 천국에 서서 밝은 빛 안에 있노라면 절로 나직이 읊조리게 된다. '이제 다 괜찮아.' 험난한 세상을 구분하는 정원의 울타리 안에서 우리는 안정감을 느낀다. 보호받고 있다는 편안함 속에 정원에서 우리가 꿈꾸는 모든 것을 찾아 향유하며 창조해나간다. 평온한 정원을 거닐다 보면 문득 궁금해진다. 정원은 대체 무엇이기에 이토록 한없는 즐거움을 줄까. 사람들은 언제부터 왜 정원을 만들게 되었을까 하는 질문을 하게 된다.

담으로 둘러싼
인간의 공간

──── 정원의 시작은 어디였을까. 최초의 정원은 인간이 수렵과 채집으로 삶을 영위하던 유목 생활을 멈추고 기원전 1만 년경 농업혁명이 일어났을 무렵이라고 추측한다. 인간은 자연으로부터 자신과 가축을 보호하기 위해 본능적으로 울타리를 쳤을 것이다. 그러나 모순되게도 보호를 위해 친 울타리가 인간을 자연으로부터 고립시켰고, 자연과 분리된 인간이 자신의 안녕을 위해 울타리 안에 자연을 본떠서 정원을 조성했다.

정원의 참된 의미를 이해하기 위해 정원이라는 뜻의 시작을 찾아보면, 정원을 뜻하는 영어 단어 'Garden'의 어원은 히브리어의 울타리를 뜻하는 'Gar'와 즐거움을 뜻하는 'Oden(Eden)'에 있다. 독일어 'Garten', 프랑스어 'Jardin'도 '담장, 경계'에서 유래했다. 'Paradise'는 고대 페르시아어 'Pairidaeza'에서 유래한 '에덴동산', 곧 '낙원'을 의미하는 단어다. 이는 이란어(아베스타어) 'Pari-('Around', 둘레)'와 'Daiz('Build', 세우다)'의 합성어로 '울타리로 둘러싼 정원'을 뜻한다.

이후 그리스의 'Parádeisos(왕실 사냥터, 공원)'로 차용되고 후에 오늘날 우리가 사용하는 'Paradise(낙원)'의 어원이 되었다. 고대 페르시아어 'Pairidaeza'는 꽃과 나무가 있는 단순한 정원의 의미가 아니었을 것이다. 척박한 사막 한가운데 생명이 가득한 오아시스로 사람들이 꿈꾸는 이상향의 공간이었다. 파라다이스는 울타리 속의 정원으로 시작해 종교적으로는 에덴동산, 천국 등의 의미가 되고, 평화롭고 풍요로운 안식의 공간, 곧 인간이 꿈꾸는 완벽한 장소가 되었다.

동양에서 정원을 뜻하는 한자어 원圍, 원림圍林에서도 나무와 물이 있는 정원㬉을 둘러싼 담口을 찾을 수 있다. 한국에서 전통적으로 쓰이던 정庭(뜰, 마당)은 인공적으로 만든 건축물 앞이나 안쪽에 있는 공간을 의미한다. 실용적인 목적이나 즐거움과 아름다움을 위해 식물을 심어 가꾸던 담 안의 정원이다. 동·서양 모두 정원의 어원과 본질을 '울타리로 둘러싸인 공간'에서 찾을 수 있고, 이를 통해 정원은 담으로 둘러싸인 공간을 의미하는 것을 알 수 있다. 곧 자연과는 분리된 인간이 만들어낸 자연이고 인간의 꿈이 담긴 향상된 자연이다.

더 나은
삶을 위한 곳, 정원

──── 인간이 담을 둘러 정원을 만든 이래 정원은 단순히 아름다운 공간만은 아니었다. 시대의 요구와 개인의 관념이 담긴 철학적인 공간이며 예술의 실험장이었다. 정원에는 수많은 상징이 숨겨져 있고, 한 위대한 개인의 사랑이 담겨 있으며, 철학과 권력 그리고 신성이 깃들어 있다. 이는 세계적으로 유명한 정원에 국한된 이야기가 아니다. 어느 여염집의 작은 뜰 안에서도 사랑과 염원 그리고 개인의 이야기가 피고 진다.

가로 64cm, 세로 76cm 남짓한 벽화 조각. 가운데 연못에는 물고기와 오리가 가득하고 연꽃이 떠 있다. 연못가에는 파피루스가 자라고 있으며 주변으로는 야자나무가 그늘을 드리우고 있다. 풍요로운 정원에는 돌무화과나무, 야자, 종려나무와 관목 등이 풍성히 자라고 있다. 영국 대영박물관에 있는 이집트 테베(현재 룩소르) 서쪽 기슭 네바문 무덤에서 출토된 무덤 속 벽화 중 하나인 〈네바문의 정원Garden Painting, Tomb of Nebamun〉(작자미상, 기원전 약 1350)이다. 당시 테베 지역의 서기관인 네바문의 사후를 위해 그린 벽화다. 내세에서 누릴 풍요롭고 아름다운 삶을 염원하며 그렸을 이 정원은 당시 사람들이 꿈꾸던 이상향을 보여준다.

테베 지역의 서기관 네바문의 무덤에서 출토된 벽화 〈네바문의 정원〉. 내세에서 누릴 풍요롭고 아름다운 삶을 염원하며 그렸을 이 정원은 당시 사람들이 꿈꾸던 이상향을 보여준다.

소실되어 기록으로만 남아 있는 바빌론의 공중정원Hanging Gardens of Babylon은 현재 이라크 지역에 있었다고 전해진다. 바빌론의 왕 네부카드네자르 2세Nebuchadnezzar II, 기원전 605~기원전 562가 메디아 출신 왕비 아미티스Amytis의 향수병을 달래려 메디아 지역의 자연을 본떠 만들었다는 전설이 남아 있다. 계단식 구조의 테라스에 각종 나무와 초화가 층층이 심겨 있고, 복잡한 관개 시스템을 이용해 풍부한 물이 있는 거대한 정원으로 묘사된다.

이렇듯 정원사 최초의 흔적으로 찾아본 당시 이집트와 페르시아의 정원은 고대인이 꿈꾼 이상향적인 공간으로 외부의 척박한 환경과 단절된 낙원(파라다이스)이었다. 담을 쳐서 '정원'을 만든 이후로 정원은 인간의 다양한 욕구와 연결되었다. 통제가 가능한 범위 안 자연에 보호받고 위로받으며, 연결되고자 하는 본능적인 공간 안에서 시대에 맞추어 사회와 개인이 요구하는 다양한 가치를 담아왔다. 신성함과 개인의 욕구, 아름다움과 사유, 권력과 공익 등이 정원에 다양한 모습으로 표현되었다. 결국 우리는 정원을 만들면서 조금 더 나은 삶을 누리고자 했고, 앞으로의 시대에 맞추어 정원을 만드는 이유는 계속 확장될 것이다.

정원에 담긴
가치

──── 조원造園의 역사와 철학을 깊이 연구한 영국의 정원가이자 저술가인 톰 터너Tom Tuner, 1946~는 《정원의 역사: 철학과 디자인, 기원전 2000년부터 기원후 2000년까지Garden History: Philosophy and Design 2000 BC to 2000 AD》에서 정원을 만드는 이유를 설명했다. 정원은 인간의 삶에 다방면으로 유용해야 하고, 구조적이고 지속가능해야 한다. 그리고 감각적인 아름다움과 정서적인 즐거움을 주어야 한다고 톰 터너는 말한다. 이러한 원칙하에 본성적인 욕구와 사회적인 의미 그리고 창조적인 예술의 가치가 담긴 곳이 정원이다.

담을 두르고 삶의 다양한 측면에 긍정적인 영향을 미치는 정원의 동일한 가치 아래 동서양의 정원 양식이 뚜렷하게 다르게 나타나는 것을 찾아볼 수 있다. 이는 우선 문화적인 배경과 지리적인 특수성에 기인할 것이다. 삼림이 풍부한 동양은 자연과 애써 구분 짓지 않고 자연을 그대로 받아들였다. 정원문화가 시작된 서양의 페르시아 지역은 척박하고 메마른 곳이었다. 그래서 높은 담을 두르고 담 안에 녹음과 물이 풍부한 이상적인 공간을 만들어냈을 것이다.

유교와 불교, 도교 같은 동양철학에서는 인간 또한 자연의 일부임을 강조한다. 그래서 자연은 정복 대상이 아니라 순응하고 조화를 추구하는 나의 본질이다. 이러한 철학은 주변의 경관을 내 공간의 일부로 끌어들이는 '차경借景', 자연을 축소한 '축경縮景'의 기법을 발달시

켰다. 장자의 '무위자연無爲自然' 사상과 같이 완벽한 자연에 더함과 뺌이 없이 그저 자연을 모방하여 정원을 조성했다. 자연이 그러하듯 곡선과 직선이 조화롭게 배치되고, 소나무 같은 상징적인 식물을 심었으며 연못과 바위 등을 연출한다. 이렇듯 동양의 정원에서는 자연스럽게 꾸민 정원을 걸으며 사색하고, 다양한 경관을 체험하며 자연이 전달하는 가치에 중심을 둔다.

반면 서양의 정원을 보면 인공적으로 조성한 웅장함이 강조된다. 고대 그리스·로마로부터 이어져 내려온 이성주의와 기독교적 관점은 르네상스 이후 인간 중심의 사상과 연결되어 인간이 만들어내는 창의적인 예술성에 가치를 둔다. 이런 사상은 자연을 바라보는 관점이 동양과는 다르게 표현되어, 자연은 인간이 적극적으로 통제하여 재구성할 대상이 되었다. 건물에서 전체를 내려다보며 감상하는 정원이 많고, 부와 권력 그리고 예술성이 적극적으로 표현되었다. 이처럼 동양의 정원은 자연과의 조화를 통해 정신적인 수양을 얻고자 했다면, 서양에서는 인간의 힘과 문명의 실현 그리고 이상적인 아름다움을 나타내고자 했다.

정원은 단순히 자연을 본뜬 공간이 아니다. 사람이 자연을 만나 본성을 회복하고, 연결되는 곳이다. 정원에서 우리는 사회와 예술을 만나고 창조한다. 울타리를 둘러 만든 인간의 공간은 시대의 변화와 요구에 맞게 변형되어왔으며, 앞으로도 계속 진화할 것이다. 나의 욕구와 사회의 요구가 복합적으로 투영된 정원은 예로부터 그러하듯이 현재에도 미래에도 우리 곁에서 아름다움과 위로를 전할 것이다.

담양 식영정(息影亭) 일원 중 부용당의 연지(蓮池)와 정자. 송강(松江) 정철(鄭澈)이 〈성산별곡(星山別曲)〉을 지은 곳으로 알려져 있다.

정원은 우리의 도시를
다채롭게 만드는 가치가 있다

○ ──────────── 정원은 단조로운 도시를 다채로움으로 물들게 하는 한 방울의 물감과 같다. 색색의 물감들이 무채색 캔버스 위로 떨어져 생기와 온기를 불어넣는다. 매일이 비슷한 도시의 삶에 찍는 쉼표고, 조화로운 삶을 위한 마침표다. 아기가 태어나 첫 숨을 쉬고 본능적으로 엄마의 품을 더듬듯 우리도 살기 위해 본능적으로 도시 속 자연을 찾는다. 도시의 틈에 생긴 작은 정원은 우리의 쉼이 되고 숨이 된다. 작은 틈들이 우리 곁에 더 가까이 많이 생길수록 우리의 일상은 더욱 살아 숨 쉬는 다채로움으로 채워지게 된다.

도시의 숨이 되는
정원

―― 지역에 새롭거나 확장되는 녹지공간이 생기면 인근 주민들의 안전감이 향상되고 실제로도 범죄율이 낮아진다는 연구결과가 있다. 안전감은 가장 기본적인 삶의 욕구 중 하나이고, 이는 삶의 질 향상에 중요한 역할을 한다. 내가 생활하는 주변이 단조롭거나 더 나아가 더럽고 지저분해진다면 마음도 함께 피폐해진다. 황폐한 거주환경은 내 몸과 마음에 그대로 전달되어 자존감을 낮추고 우울감을 높인다. 낙후되었던 다양한 지역에서 진행된 정원 만들기 프로젝트는 그 예가 된다. 함께 지역을 위한 정원을 만들고 돌보면서 지역이 재생되고 주민들 삶의 질이 향상되는 경험을 통해 우리는 정원의 힘을 이미 보았다.

도시 속 작은 정원들이 늘어나면 비단 인간 생활환경의 쾌적함만 좋아지는 것이 아니다. 도시가 팽창할수록 도시에 기대어 사는 많은 생물 또한 참 고달프다. 이들도 우리와 마찬가지로 도시정글 속에서 살아남기 위해 고군분투 중이다. 찰스 다윈은《종의 기원》에서 생물의 진화는 천천히 일어나는 일이라고 했건만, 생존 앞에서 맘이 급해진 생물들은 도시의 속도에 맞추어 십수 년간에 급속히 진화를 이루어냈다. 작은 생물들은 깃털을 짧게 줄이고(흰털발제비는 날개의 깃털을 짧게 줄여 수직으로 빠르게 날 수 있도록 진화했고 그 결과 자동차를 재빨리 피할 수 있게 되었다), 빛에 적응하며(도시 속 나방은 빛을 무시하고 곳곳에 몰려든다) 악착같이 도시에 적응해간다.

하지만 이것은 안락한 삶과는 거리가 먼 삶일 것이다. 우리가 삶에서 바라듯이, 도시의 작은 생물들에게도 마음껏 숨 쉬고 편안하게 살아갈 수 있는 삶이 허락되어야 한다. 도시 곳곳의 작은 정원들은 도시 속 자연공간의 면적을 늘려 도시에 사는 모두를 위한 쾌적한 삶의 기반이 된다. 자연으로 채운 도시의 틈은 뜨거워져만 가는 도시의 열을 낮추고 바람이 통하는 길이 된다. 식물이 주는 쾌적함과 여유로움으로 우리가 사는 이 도시가 모두에게 좀 더 살 만한 바탕이 되어준다.

정원에서 사람들의 심장박동수는 낮아지고 걸음은 느려진다. 사람들에게 정원에서 느끼는 감정을 물으면 '편안함'을 가장 먼저 꼽는다. 무엇에 쫓기지 않아도 되는 느낌과 함께, 편안함은 이내 삶에 대한 만족감으로 이어진다. 이러한 마음의 여유는 나를 돌보고 주변을 돌보는 힘이 된다. 마음의 여유로움 속에서 꿈을 꾸고 미래를 그린다. 사람만이 아니라 도시를 함께 살아가는 다양한 생물에게도 작은 정원은 삶의 여유가 된다.

도시를 채우는
다채로운 즐거움

──── 사람들이 정원에 관심을 갖고 그 필요성을 느끼는 덕분에 도

시 곳곳에 다양한 정원이 생기는 중이다. 새롭게 조성되는 곳도 많고 여유 공간이 없는 도심에 맞춘 새로운 형태의 정원도 만나게 되었다. 보도블록이나 콘크리트 등으로 덮여 있던 공간이 열려 정원이 되었고, 한 뼘의 틈도 없는 공간에서는 다양한 형태와 기능이 있는 이동형 정원이 나타났다. 또한 잘 관리되지 않고 방치된 작은 공원들이 테마가 있는 정원으로 정비되었다.

공간의 특성에 맞게 가로수 아래의 가로정원, 도시 숲 내의 숲 정원, 기후변화에 대처하고 도시의 생태계를 위한 정원, 지역의 문화와 이야기를 담은 정원 등 내용도 다양해졌다. 아이와 가족의 놀이터가 되어줄 정원, 반려동물을 위한 정원, 노인과 장애우를 위한 장애물이 없는 정원, 도시 속 고립청년의 치유와 동행을 위한 정원, 심지어 도시의 꿀벌을 위한 정원까지. 정원은 다양한 이용자를 위해 배려와 다채로운 즐거움까지 담아내는 중이다.

이렇게 조성된 정원은 도시를 아름답고 활기차게 채운다. 시민들이 여가를 즐기는 공간이 되고, 경관이 향상된 공간에는 사람이 모이며 지역에 활기가 돈다. 다양해진 정원의 형태만큼이나 그 내용 또한 다채로워졌다. 정원가의 의도만큼이나 정원을 채우는 것은 사람들의 이야기다. 정원은 도서관이 되었다가 작은 장터가 되고, 교실이 되며 무대가 된다. 이렇듯 눈에 보이는 장점 외에도 곳곳에 생기는 작은 정원은 우리를 위한 든든한 지원을 아끼지 않는다.

"이게 대체 무슨 꽃인가요?" 정원을 방문한 사람이 연한 핑크빛 꽃을 가리키며 묻는다. 목마가렛 '아즈키짱'(*Argyranthemum frutescens*

'Azukichan')이라는 얘기에 눈을 휘둥그레 뜬다. "그 흔한 꽃이 이렇게 예쁘다고요?" 정원마다 꽃도 달라 보이는데 정원은 오죽할까. 정원사의 수만큼이나 정원의 모습은 다양하고, 지역의 특색만큼이나 다채롭다. 모습과 형태 그 안에 깃든 다양한 이야기의 수만큼이나 다양한 정원이 도시 곳곳에 있다면 도시가 곧 정원이 되고 이야기가 될 것이다.

목마가렛 '아즈키짱'. 나무처럼 줄기가 단단해서 이런 이름이 붙었다. 흔히 보던
꽃의 이름을 알아가는 순간이 흥미롭다.

정원은 문화와 사회 등 모든 것을
아우를 수 있는 통섭의 힘이 있다

○ ──────────── 공공의 정원 안 빅밴드가 막 연주를 시작한다. 그 앞에
매트를 깔고 앉은 사람들은 한가로이 피크닉을 즐기고 몇몇은 흥겨
운 재즈 음악에 맞춰 몸을 가볍게 흔든다. 정원 한쪽에 마련된 체
험장에서는 가족과 친구들이 모여 화분에 식물을 심고, 그림을 그
리며, 나무로 작은 소품을 만들고 있다. 정원은 세대와 문화, 과학과
예술 등 모든 것이 모이는 곳이다. 정원 안에서 우리가 꿈꾸던 모든
것이 모이고 새롭게 재창조된다. 정원과 그 안의 다채로움은 도시
를 살아 숨 쉬는 거대한 문화의 숲으로 만들어준다.

정원은 사람과 세상을
하나로 잇는 곳이다

──── 정원이란 것이 불과 몇 년 전만 해도 여유로운 사람의 고급 취미 활동으로 여겨졌다. 정원의 공간 또한 사적인 것에 머물렀다. 정원이 공공의 영역으로 들어오고 의미가 확장된 오늘, 모두가 정원의 효용을 이야기한다. 오랜 시간 정원을 바라본 내게 요 최근 몇 년의 변화는 조금 어지러울 지경이다. 처음 정원 공부를 시작하던 때, 십 년 후면 우리나라도 정원문화가 많이 발전할 것이라 했다. 그러나 그 후 십 년쯤 되었을 무렵, 정원 공부를 위해 방문한 이웃나라의 정원을 여전히 부러운 눈으로 바라보았다.

근래 우리나라 곳곳에 조성된 정원을 바라보면 놀랍다. 한번 물꼬가 터진 흐름은 큰 물줄기를 만들고 매일 새롭게 거듭 성장한다. 정원은 다양한 분야와 만나 새롭게 진화하는 중이다. 공공의 정원에서 일어나는 다양한 문화행사와 교육은 삶의 질을 높이는 사회적 인프라로 자리 잡았다. 정원을 가꾸기 위한 모임과 활동은 공동체 문화를 되살리는 매개체가 되어 우리에게 연대감을 준다. 지역의 정원은 평온한 일상을 위한 개인의 회복공간을 넘어 도시의 환경을 개선하고 생태를 지키는 모두를 위한 치유의 공간이 되었다.

삶의 근원이자 바탕이 되는 자연은 세상 만물을 포용한다. 정원 안에서는 사람과 지식, 예술이 경계 없이 넘나든다. 예술부터 과학까지, 철학의 논증부터 종교의 신비로움까지 연결되고 새롭게 통합된다. 자연은 삶의 영감이 되고, 자연에서 얻은 지식으로 만들어진 과학은 정원을 더욱 효율적이고 모두가 보편적으로 누리게 해주었다. 정원은 다채로운 분야와 만나 시대의 가치와 요구를 담은 새로운 문화가 되었고, 다양한 콘텐츠와의 적극적인 연대를 통해 새로운 경험을 제공하는 통섭의 공간으로 변모했다.

통섭統攝, Consilience은 동서양 모두 통용되는 단어로 서로 다른 것들이 하나로 합쳐져 새로운 가치를 만들어내는 것을 뜻한다. 불교와 성리학 등에서 널리 사용되어온 용어로 큰 줄기(통統)를 잡다(섭攝)의 의미로 여러 분야나 학문이 널리 통하는 것을 뜻한다. 국어사전에서 통섭을 찾아보면 전체를 통합하는 뜻의 통섭統攝 외에도, 서로 통한다는 의미의 통섭通涉이라는 단어를 함께 찾을 수 있다. 우리가 정원에서 찾은 진정한 통섭은 '소통을 통한 연결과 새로운 문화의 창조' 두 단어가 함께하는 의미일 것이다.

일상이
예술이 되는 순간

——— 문화를 뜻하는 영어 단어 '컬처Culture'의 어원은 땅을 일구고 식물을 돌본다는 뜻의 라틴어 'Cultura'다. 문화의 표현은 처음부터 아름다운 식물을 길러내는 원예에 있었고 그 의미가 다양한 분야로 확장되어 사회의 생활양식과 의식, 예술 등에 걸친 개념이 되었다. 정

원의 문화는 이러한 '컬처'에 담긴 언어의 본질을 잘 나타내 보여준다. 정원은 단순히 땅을 구획하고 아름답게 꾸며내는 것에서 머물지 않는다. 정원의 본질은 형태를 넘어 그 안에 예술과 이야기를 담는다. 그리고 삶의 다양한 측면에 영향을 미친다.

늦여름의 정원, 해바라기가 한창이다. 노랗고 큰 얼굴을 보고 있으니 캔버스에 담긴 다양한 해바라기가 떠오른다. 맨 처음 빈센트 반 고흐Vincent van Gogh, 1853~1890의 해바라기가 생각난다. 거친 붓놀림 아래 피어난 해바라기. 작열하는 태양을 닮았고 격정적인 고흐의 영혼이 담긴 듯하다. 곧 화려한 구스타프 클림트Gustav Klimt, 1862~1918의 해바라기가 떠 오른다. 정원 속 소소한 모습은 온데간데없이 밝고 화려하다. 다른 꽃들과 어울려 마치 은하수에 흩뿌린 밝은 별들 같다. 에곤 실레Egon Schiele, 1890~1918의 해바라기는 또 어떤가. 처절한 모습이 그를 닮았다. 삶의 고통과 절규가 담긴 꽃이다. 그 밖에도 많은 화가에게 해바라기는 매력적인 주제고, 각자의 삶에 닿아 모두 다른 꽃으로 재탄생되었다.

정원의 장미 한 송이 또한 장르를 넘어 다양한 모습으로 재생산된다. 독창적이고 극적인 예술성을 표현한 패션 디자이너 알렉산더 맥퀸Alexander McQueen, 196~2010은 장미의 아름다움과 그 덧없음, 순수함과 퇴폐적인 미학 등 장미에서 느낀 그만의 영감과 생각을 담아 드레스를 디자인했다. 건축가 장 누벨Jean Nouvel, 1945~은 사막장미석Desert Rose의 겹겹이 쌓인 장미꽃잎 형태를 모티브 삼아 카타르 사막 한가운데 한 송이 장미꽃(카타르 국립 박물관The National Museum of Qatar)을 피웠다.

정원의 매력은 여기에 있다. 같은 정원이 모두에게 다른 모습으로, 감도로 닿는다. 정원 속 어디에서든 아름다움이 있고 곳곳에 영감의 순간이 숨어 있다. 산책하고, 관찰하며 식물을 돌보는 평범한 일상에서, 매일 바라보던 나무의 순간에서 느닷없이 만나게 되는 자연과의 조우. 자연과 감응하는 놀라운 순간은 시인의 한 줄 글귀가 되고, 음악가의 선율이 되며, 디자이너의 모티브가 된다.

정원에 깃든 풍류

—— 조선 후기 한양 명례방(현 명동) 살구꽃이 만발한 정원에서 선비 여럿이 모여 꽃을 감상하고, 그림을 그리고 시를 읊으며 자연이 주는 아름다움을 음미하고 있다. 나를 앞세우지 않고 그저 본대로 느낀 대로 계절이 주는 미묘한 변화를 표현할 뿐이다. 정원과 그 속의 자연을 통해 벗들과 모여 풍류를 즐기고 마음을 터서 교류하는 우정의 자리다. 이 모임의 이름은 '죽란시사竹欄詩社'로 다산 정약용茶山丁若鏞, 1762~1836이 동년배 문인들과 함께 결성한 친목 모임이다.

'죽란'은 대나무로 엮은 울타리를 말한다. 다산은 집안의 뜰에 대나무 울타리를 쳐서 매화, 살구, 국화 등 다양한 초화와 작은 나무를 정성껏 키웠다. 정약용의 《죽란시사첩서竹欄詩社帖序》에 따르면 이른 봄 살구꽃이 피면 첫 모임을 열었다. 이후 복숭아꽃이 필 때, 참외가 익을 때, 연꽃이 한창일 때, 겨울 큰 눈이 내릴 때, 매화가 필 때 등 계절의 특정한 순간에 열렸다 한다. 그 외에도 축하할 일이 생기면 모임을 열어 시를 짓고 함께 나누었다. 그야말로 정원을 매개로 한 삶과 삶의 연결이다.

자연과 예술에 대한 사랑, 벗과 나누는 교류를 소중히 하는 죽란시사의 가치는 현대의 우리에게도 시사하는 점이 크다. 자연을 삶과 가깝게 누리고 그 안에서 사색과 여유를 가지며 사람 사이의 소통과 더불어 사는 삶의 소중함을 전달한다. 자연과 조화를 이루는 소박한 삶, 계절의 변화에 따라 즐기는 풍류는 오늘을 살아가는 우리에게도 오롯이 남아 있다. 형식만 바뀌었을 뿐 자연을 즐기고, 마음을 나누는 내용은 그대로 남아 정원을 중심으로 꾸려지는 다양한 소모임과 커뮤니티 활동으로 계승되었다.

한가로운 평일 오전 가드닝센터, 아이를 학교에 보낸 엄마 몇몇이 모여 정원에 핀 수선화를 앞에 두고 스케치를 하고 있다. 한참을 감상하고 바쁘게 눈과 손이 오간다. 이내 서로 그린 그림을 앞에 두고 자신이 본 수선화 이야기, 아이들 이야기를 도란도란 나눈다. 어깨 너머 몰래 본 그림에 봄의 해사함이 담겼다. 모임이 끝난 뒤, 나는 또 다른 이야기를 기대하며 봄꽃 몇 송이를 잘라 화병에 담아 테이블 위에 둔다.

정원에는 항상 여유가 있는 곳이고 정원활동은 우리에게 여유로운 순간을 만나게 한다. 마음의 여유로움은 당장의 먹고사는 문제에서 밀려난 삶의 다양한 아름다움을 돌아보게 한다. 사람들은 정원에서 만나 서로의 관심을 나누고 일상을 공유한다. 적극적인 돌봄을 통한 개인과 사회의 치유가 이루어진다. 정원은 단순한 여가의 공간이 아니다. 단절된 세대가 다시 이어지고 다양한 가치가 어우러지는 곳이다. 작은 정원 안에서 시대를 관통하는 관념과 아름다움이 만들어지고 새롭게 이야기가 시작된다. 그런 의미로 정원은 통섭의 공간이다. 우리는 정원 안에서 삶을 가꾸며 세상과 더 깊이 연결된다.

현재의 죽란시사. 자연과 예술에 대한 사랑, 벗과 나누는 교류를 소중히 하는 죽란시사의 가치는
현대에도 빛을 발한다.

가든타임, 정원에서의 시간은
나를 자연에 기대어 치유하는 힘이 있다

"정원 가꾸기는 세상에서 가장 좋은 치료제다."

(Gardening is the best therapy in the world.)

- C. Z. 게스트

○ ──────────── 미국 사교계의 명사이자 가드너인 C. Z. 게스트C.Z Guest, 1920~2003는 직접 삶에서 경험한 정원의 치유 효과에 대해 말했다. 그녀는 승마 사고로 요양 중일 때, 정원의 치유 효과를 강조한 가드닝 입문 서적 《First Garden》(1976)을 집필했다. 뇌신경학자인 올리버 색스Oilver Sacks, 1933~2015 또한 정원은 어떤 치료제보다 강력하다고 강조한다. 실제로 정원에서의 시간은 단순히 행복감을 주고 건강증진 이상의 가치를 가진다. 나를 새롭게 만나는 순간이며, 자연에 기대어 스스로 치유하는 행위다.

현실 한가운데서 만나는
꿈의 정원

―― 얼마 전 가까이 지내던 정원가 한 분이 자기 정원이 갖고 싶어서 땅을 찾고 있다고 전해왔다. 현업에서 활발히 활동하고 계시는 분이다. 공동주택이 주를 이루는 국내 거주형태에서는 내 정원 갖기가 어려운 현실이다. 정원 관련업을 하는 사람들 역시 다름이 없다. 매일 정원에 계신데도 '내' 정원이 필요하시다니. "주말도 없이 바쁘신데 또 정원을 돌보실 여력이 있으세요?" 여쭤보니, "출근 전 퇴근 전에 돌보죠~" 하며 웃으신다. "정원으로 출근하여 정원으로 퇴근하시겠네요~" 하며 함께 웃었다.

왜 아니겠는가. 매일 정원으로 출근하는 나도 매 순간 교외의 널찍한 내 정원을 꿈꾼다. 물론 생각만으로도 출퇴근 걱정에 당장 눈앞이 깜깜하다. 아직은 한창 학령기인 아이들 생각도 나고 이런저런 상황에 감행할 용기는 안 나지만 말이다. 그래도 매일 머릿속으로 정원을 만들었다 허물었다 하는 게 큰 낙이다. '산에 면해 있는 정원이면 좋겠어.' '해가 바른 자리엔 계수나무를 꼭 심어야지.' '담벼락엔 반질반질 잎이 예쁜 감나무 한 그루 심어볼까?' '가을이면 감을 따서 누구든 한 아름씩 안겨줘야지.' '벌과 나비를 위해 꼭 밀원식물을 심어야지.' 매일 꿈꾸고, 생각만으로도 늘 즐겁다.

현실이 팍팍할수록 꿈은 더 집요해진다. 일하는 엄마인 나는 사실 나를 돌아볼 여유도 없다. 그래도 맨날 꿈을 꿀 수는 없기에 집에, 내 사무실 공간에 식물을 들이기 시작했다. 수업이 끝나고 남은 아이, 분갈이하며 쪼개져 나온 아이, 누군가 키우기 힘들다며 나에게 맡긴 아이 등 딱 내가 기분 좋게 키울 수 있는 만큼 데리고 있는데 슬그머니 하나씩 늘어간다. 시장의 기준엔 많이 모자란 아이들이지만 내겐 더없이 소중한 친구가 되었다. 조금씩 부족한 모습들이 어쩐지 내 모습 같기도 하고, 나랑 함께 있으면서 잎을 하나씩 내고 키를 키우는 게 기특하고 고맙다. 그렇게 나도 정원으로 출근했다 정원으로 퇴근하게 되었다.

화분 몇 개의 힘이 생각보다 크다. 출근하면 새싹이 막 돋아나기 시작하던 집에 있는 친구가 궁금하다. 또 연휴가 길어지면 사무실의 식물들이 잘 있나 걱정이다. 그야말로 기분 좋은 구속이다. 내가 오롯한 책임을 지닌 대상이 있다는 것이, 내가 누구이든 나를 의지하는 대상이 있다는 것은 멋진 일이다. 어찌 보면 아이를 키우는 일과 비슷하지만, 한 사람을 키워낸다는 중압감과 세세한 신경전이 없다. 일에, 육아에, 사람에 치이는 날이면 화분들 앞에 한참이고 앉아 있다. 몸과 마음은 녹초인데 다시 나의 정원 앞에 선다. 마음속으로 말을 건네고 답을 듣는다. 슬그머니 내뱉는 내 하소연에도 그저 다정히 내 곁을 지킨다. 나도 그저 바라보고, 물을 주고, 방향도 돌려준다.

단단한 삶을 위한 시간,
가든타임

── 작은 숲을 걷는다. 경기도 하남시 미사강변에 있는 나무 고아원이다. 도시개발사업으로 베이고 버려질 나무들을 모아 조성한 근린공원이다. 도로확장공사 등 각종 토목공사 중 상처 입은 나무도 더러 있는데, 보호를 받으며 회복하는 중이다. 어찌 보면 도심의 공원보다 화려한 부대시설은 없지만 고즈넉하고 자연에 가까운 모습이 더 편안하다. 제법 숲이 깊은 나무 사이의 오솔길을 걷자니 고아 나무들이 만든 천국 같은 정원이라는 생각이 든다. 나무를 구하기 위해 정원을 만들었는데 이 정원이 오히려 우리를 돌봄으로 구원하고 있다. 그중 눈에 띄는 나무 하나에 가만히 손을 얹어본다. '내가 너를 입양해도 될까?'

한동안은 신축단지에 소나무를 심는 것이 유행이더니 요즘엔 사연이 있는 오래된 나무를 심는다. 내가 살던 단지 중앙에는 여주에서 왔다는 무려 150년 된 회화나무가 한 그루가 심겨 있었다. 회화나무는 예로부터 학자의 나무로 길하게 여겼다. 그래서 귀한 집 자손이 태어나면 큰 인물이 되길 기원하며 뜰에 심었다 한다. 긴 세월을 건너온 나무는 기품이 있었고, 수많은 사연이 남겼을 생채기와 뒤틀린 가지에는 경외감마저 느껴졌다. 매일 아침 산책길에 나무에게 인사를 건넨다. 잠시 눈을 감고 호흡을 함께하면 어쩐지 마음을 나누는 것 같다. 높은 아파트에 둘러싸인 사연 많은 나무가 늘 마음이 쓰였

고, 팬데믹이 한참이던 시절 이 나무 주변을 걷고 또 걸으며 내 마음
을 달랬다. 세상 어딘가에 나의 정원이, 내 나무가 있다는 건 참 든든
한 일이다. 서로의 성장을 지켜봐 줄 수 있다는 사실이, 언제든 나의
근원과 맞닿을 수 있다는 점이 말이다.

　이사를 나온 이후에도 이따금 회화나무 생각을 한다. 아파트들이
넘을 수 없는 벽처럼 혹은 속된 것에서 보호하는 병풍처럼 둘러싸여
있는 곳의 회화나무. 몸통은 세월의 무게를 차마 이기지 못한 듯 구
부정하고, 가지는 기이하게 뒤틀려 있던 나무. 잘려 나가고 뜯긴 곳
에서 새로 자라던 어린 가지들. 그럼에도 여름에는 푸른 잎을 펼치고
당당히 서 있던 모습이 생각난다. 나무는 주어진 운명 앞에 그저 담
담히 서 있었을 게다. 긴 세월 동안 만났던 수많은 사람, 그리고 겪어
야 했던 모진 시련과 빛나는 순간 모두 말없이 품에 안고 그저 오늘
을 산다.

　그곳에 살았던 2년은 내게도 참 어려운 시간이었다. 주저앉아 아
무것도 하고 싶지 않던 그때 나를 다시 일으켜 세운 것은, 잘려 나간
가지에서 다시 자라던 어린 가지들이었다. 상처에서 시작되는 성장
이다. '흔들리지 않고 피는 꽃이 어디 있으랴'는 도종환 시인의 시구
처럼 평온하기만 한 삶은 없다. 다만 삶이 나를 흔들 때 정원에서의
시간은 나를 단단히 잡아주는 힘이 있다. 인생의 사계절을 불평하지
않고 그저 삶을 살아내는 나무의 담담함이 오늘의 나에게도 얘기한
다. '그저 하늘의 뜻 위에 너의 최선을 다하라.'

　정원은 거창함에 있지 않다. 정원의 크기나 그 안에 심긴 식물의

종류에 있는 것도 아니다. 내가 돌보는 화분 하나가 있다면 나는 이미 정원사다. 이 작은 정원이 나에겐 온 우주와 닿는 경험을 준다. 정원의 크기는 절대적인 면적이 아니라 그 속에 담긴 우리 마음의 깊이에 달려 있다. 그래서 손바닥만 한 정원이 태산 같은 힘으로 우리를 잡아끈다. 정원을 가꾸는 것은 나를 가꾸는 적극적인 행동이다. 세상이 주는 상처에도 굴하지 않고 오롯한 나로 건강히 살겠다는 자기 치유의 의지다. 이것이 정원 속 시간의 참된 힘이다.

정원에서 우리는 사유하고 꿈을 꾼다. 누군가는 세상에서 받은 상처를 곱씹으며 소화해내려 안간힘을 쓴다. 또 다른 누구는 식물을 키우며 세상을 살아갈 희망을 본다. 모두에게 다른 의미를 주고 다른 위로를 전하는 정원이지만, 변함없는 것이 있다면 세상과 나를 잇는 다정한 사이 공간이 되어준다는 것이다. 정원은 물리적인 현실과 내 안의 참된 '나'가 공존하는 곳이다. 나의 꿈과 이상이 마음껏 넘나드는 곳이고 일상의 문제들을 매일 해결하는 곳이다. 이곳에서 우리는 삶의 근원적인 물음을 묻고 세상을 잘 살아낼 답을 얻는다.

성장

정원에서
삶을 가꾸는 방법

정원의 사계절,
자연은 우리 생애와 맞닿아 있다

○ ─────────── 하루를 치열하게 산 날이면 해가 저물어가는 정원에
서서 차이콥스키의 피아노 협주곡 1번 1악장을 듣는다. 요행 없이
내 몫의 삶을 살아낸 나에게 주는 선물이다. 언제나 숨을 죽이게
하는 첫 소절, 깊고 웅장한 호른이 서두를 열고 피아노가 장엄하게
주제를 시작한다. 뒤이어 아름답고 서정적인 현악기의 선율이 화답
하듯 곡을 감싼다. 그렇게 피아노와 오케스트라가 서로의 음을 건
네고 받으며 연주는 계속된다. 역동적인 리듬으로 긴장을 주고 때
로는 부드럽고 아름답게 감정을 다독인다. 선율을 따라 내 감정이
풍부하게 요동을 친다. 연주가 끝난 뒤 정원을 바라본다. 정원의 사
계절 그리고 우리 삶의 희로애락이 음악과 경계 없이 넘나든다. 삶
은 곳곳에 있고 태어나서 사그라드는 생명의 법칙은 예외가 없다.

때와 순리

——— 아직 바람이 매서운 이른 봄, 해 가까운 언덕 곳곳에 냉이가
듬성듬성 잎을 내었다. 서슬 퍼런 한기에 차마 잎을 크게 펴지는 못
하겠는지 지면에 납작하게 붙었다. 이렇게 지면에 붙어 뿌리에서 바
로 잎을 내는 식물을 로제트Rosette 식물이라 한다. 장미의 꽃잎이 겹
치듯 둥그렇고 납작한 방석처럼 자라 웬만큼 밟혀도 끄떡없다. 냉이
는 가을에 싹을 틔우고 잎을 낸 채로 지면에 바짝 붙어 겨울을 난다.
냉이 말고도 민들레, 꽃마리, 시금치 등도 로제트 식물이고 달큰한
봄동도 로제트 식물이다.

좋은 계절 다 두고 고생을 사서 한다는 생각이 든다면 우리의 오
만이다. 로제트 식물은 다른 식물들과 경쟁에 약한 것들이다. 겨울은
혹독하지만 생을 이어나갈 최고의 기회인 것이다. 겨울을 지면에 붙
어 불필요한 에너지도 줄이고 동물들의 눈에 띄지 않게 지내다 봄이
오면 누구보다 먼저 새잎을 내고 꽃대를 올린다. 그렇게 한 해를 일찍
시작하여 다른 식물들이 자라기 전에 빛을 독점하고 꽃을 피워 씨앗
을 뿌린다. 삶의 승리이고 성공적인 결말이다. 바보같이 미련한 식물
이 아니라 자신에게 가장 알맞은 방법으로 삶을 사는 지혜로운 식물
이다. 가만히 나를 더듬어본다. 나답게 순리대로 살고 있는지.

정원 속 식물을 보면 삶의 모습이 하나도 같지 않다. 다양한 방법
으로, 각자의 때에 맞추어 잎을 내고 꽃을 피운다. 다양한 전략에 감
탄하게 된다. 대부분의 식물은 해가 뜨면 기공을 열고 광합성을 한

다. 반대로 밤에 기공을 열어 CO_2를 흡수하는 몇몇 식물이 있는데 뜨겁고 건조한 사막 지역에서 자라는 선인장을 예로 들 수 있다. 열기 가득한 한낮의 뜨거운 태양 아래 기공을 열면 몸 안의 습기를 빼앗기게 된다. 남 따라 했다가 남는 건 죽음이다. 모양새도 일반적인 식물과는 다르다. 사막의 선인장은 몸을 부풀려 체내에 수분과 영양분을 저장한다. 연중 뜨겁고 건조하다 우기에 갑자기 비가 쏟아붓는 사막에 꼭 맞는 모습으로 태어나 살다 간다.

우리는 그저 씨앗을 심으면 싹이 나는 줄 알지만 그렇게 간단한 일은 아니다. 적절한 온도와 알맞은 빛 그리고 생명을 깨우는 물, 이렇게 세 박자가 맞아야 한다. 세 조건이 맞아도 싹이 트지 않는 건 부지기수다. 그저 조용히 준비하고 있다가 때가 되면 재빠르게 싹을 내미는 것이다. 그리스 신화 속 기회의 신 카이로스는 앞머리만 있다고 한다. 그래서 기회가 되면 재빨리 낚아채야지 우물쭈물했다가는 맨질맨질한 뒤통수만 하염없이 쳐다보게 된다. 식물들은 모두 기회를 낚는 명수들이다. 식물은 우리를 즐겁게 하려고 이 땅에 태어난 것도 세상을 푸르게 할 거창한 사명감을 가지고 태어난 것 또한 아니다. 그저 싹을 틔우고 꽃을 피워 씨앗을 남기는 일, 생명의 고리 안에 태어나 순리대로 살다가 가는 것뿐이다.

삶의 어느 계절에 있는가?

—— 자연의 계절을 바라보면 인간의 삶이 담겨 있음을 깨닫는다. 내가 몇 살이든, 누구이든지 정원에 들어서면 나를 꼭 닮은 내가 그곳에 있다. 막 싹을 내민 어린 식물에서, 화사하게 핀 꽃에서, 탐스럽게 맺힌 열매에서, 또 시들어가는 잎사귀에서 나를 닮은 내 모습이 보인다. 자연은 인생을 빗댄 가장 적나라한 은유다. 사람의 생로병사가, 희노애락이 정원 곳곳에 담겨 우리를 바라보며 말을 건넨다. '별거 있냐? 이게 인생이고 너 또한 다름 아니다.'

정원을 가꾸기 시작하면서 계절을 더 세밀히 보게 된다. 우리 삶이 그러하듯 계절은 배운 대로 봄, 여름, 가을, 겨울로 딱 구분하기가 어렵다. 겨울 안에 희미한 봄이 있고, 여름은 이미 결실의 기운을 품고 있다. 봄꽃에 세월 가는 줄 몰랐는데 어느샌가 잎이 커져 꽃을 가린다. 영원할 것 같던 무성한 푸른 잎사귀도 차츰 색을 잃고 바랜다. 이윽고 앙상해진 늦가을의 어느 날, 겨울이 왔음을 이제는 다 내려놓고 벗어놓아야 하는 때가 왔음을 문득 절감하게 된다.

정원 속 계절에 빗대어 내 삶을 헤아려본다. 나는 삶의 어느 계절에 있을까. 정원의 이야기는 삶의 이야기다. 정원을 가꾸는 사람의 이야기이고, 정원을 채우는 것들의 이야기다. 모두가 주인공인 이야기다. 정원에선 종의 경계를 넘어, 태어나 살고 소멸하는 모든 것의 치열한 삶 이야기가 펼쳐진다. 단순한 삶의 순환이 정원 안에서 더 가깝고 선명하게 드러나고 우리는 가장 앞에 서서 자세히 지켜보게 된다.

봄에 싹을 틔운 식물이 꽃을 피우고 씨앗을 남기는 한해살이식물 Annual Plant, 삶의 순환을 때에 맞추어 끝내곤 겨울을 지내 이듬해 봄 다시 소생하는 여러해살이식물 Perennial Plant, 사람보다 긴 호흡으로 매해 잎을 내고 떨구는 나무들 Woody Plant 까지 영원히 봄을 사는 식물도, 겨울에만 머무는 식물도 없다. 모두 봄으로 시작해 겨울로 사그라든다. 그러나 그 끝이, 끝이 아님을 정원에서 본다. 식물은 씨앗으로 뿌리로 영원 속에 산다. 봄의 모든 새싹은 지난해 흙으로 돌아간 것들 위에서 태어난다. 우리의 오늘을 돌아본다. 지금이 영원할 것처럼 살지만 반드시 끝은 오고, 그 끝 속에는 영원을 위한 씨앗이 있다. 나의 계절은 어디쯤일까? 이 계절은 곧 끝이 날 것이다. 다음 계절의 문을 열어둔 뒤.

그저 현재를 살다

──── 정원 일에 몰두하다 보면 잡념들이 가라앉고 현재만 남는다. 식물을 찬찬히 본다. 지금 필요한 작업을 하고 문제를 해결한다. 이 단편적인 행위가 반복되다 문득 전체를 보면 말끔하게 변해 있는 정원을 보게 된다. 복잡하고 도무지 풀리지 않을 것 같던 일들도 어딘가엔 반드시 실마리가 있다. 시간을 두고 문제를 객관적으로 보게 되니 무게가 가벼워진다. 우리가 버릇처럼 내뱉듯이 하는 말, '이 또한 지나가리라.' 많은 것이 실은 내 마음먹기 나름이다.

정원의 모든 것에 '내'가 담겨 있다. 그렇기에 막 피기 시작한 꽃에 절로 미소가 지어지고, 나무의 옹이를 가만히 쓰다듬게 된다. 바람에 눕는 풀잎에도, 잔잔한 수면 위로 떨어지는 빗방울에서도 나를 본다. 정원을 지나는 계절 사이에도 내가 있고, 모든 순간에는 신이 깃들어 있다. 내 삶은 과거에도 미래에도 그 다른 어디에도 있지 않다. 지금, 이 순간, 땅 위에 발을 딛고, 식물을 만지는 내 손끝에 내가 있고 삶이 있다.

정원을 가꾼다는 것이 쉬운 일만은 아니다. 정원 가꾸는 일의 즐거움을 예찬한 헤르만 헤세조차 감당할 수 있는 정원을 가꾸라 당부한다. "정원을 가꾸는 일이 놀이 삼아 하면 즐겁지만, 생활과 의무가 되면 즐거움이 사라져버린다"라고 글로도 남기지 않았던가. 뽑아도 뽑아도 잡초는 쉴새 없이 자라고, 한여름의 태양은 정수리가 벗겨질 듯 뜨겁다. 날이 가물어 비가 오기를 바랐더니, 아뿔싸 폭우다. 그런데 가만히 들여다보니 모든 것이 신비고 재미다. 잡초 몇 번 뽑아주고, 물만 주었을 뿐인데 꽃이 피고 열매를 맺는다. 또 정원에 가득한 색은 다채롭고 계절마다 내뿜는 향은 감미롭다.

우리가 바라보는 정원 속 풍경은 어떠한가? 같은 정원을 바라보는 시선은 여럿이다. 아름답고, 번잡스러우며, 조금은 슬프고 또 누구에겐 아련하다. 우리가 바라보는 풍경은 실은 심경이다. 내 마음이 정원에 의미를 담고 감정을 싣는다. 감정을 자세히 바라보자. 우리가 삶을 어떻게 바라보는지가 그곳에 담겨 있을 것이다. 삶은 무겁지만 생각해보면 풀 한 포기의 한살이와 같은 그 단순함, 그와 다름 아니다.

정원에 바람이 분다. 상쾌한 바람이 정원에 서 있는 나 또한 감싼다. 모두는 이 세상에서 닮은 모습으로 삶 속에 연결되어 있고 같은 모습으로 사계절을 겪고 있다. 이제 나는 안다. 모든 일에는 때가 있음을. 그때를 정원에 스치듯 지나가는 계절을 보며 배운다. 다양한 관계 속에 산다고 그 관계를 위해 살아야 하는 것은 아니다. 본디 받아서 나온 내 모습과 영혼 그대로 순리에 맞춰 살아가는 일, 그것이 이 세상을 가장 현명하게 살아내는 방법이 아닌가 가만히 생각해볼 따름이다.

정원의 모든 것에 '내'가 담겨 있다. 그렇기에 막 피기 시작한 꽃에 절로 미소가 지어지고, 나무의 옹이를 가만히 쓰다듬게 된다. 바람에 눕는 풀잎에도, 잔잔한 수면 위로 떨어지는 빗방울에서도 나를 본다.

겨울정원, 은밀하고 위대하게
홀로 꿈꾸는 정원

○ ─────────── 길고 긴 회의가 끝나고 밖으로 나오자 세상이 온통 은 빛이다. 분명 회의장으로 들어가는 길엔 코끝이 쨍한 추운 날씨 속 시리도록 푸른 하늘을 보면서 들어갔는데 말이다. 눈발이 제법 굵 어 쉬이 그칠 것 같지 않다. 돌아갈 길 걱정은 잠시 접어두고 즐길 수밖에. 눈이 내린 수목원을 천천히 걸어본다. 아직 아무도 밟지 않 은 길엔 나와 내 발자국 그리고 내가 내는 숨소리뿐이다. 순식간에 눈은 쌓이고 아직 얼지 않은 검은 호수 위엔 하얀 눈이 하염없이 스 러진다. 눈은 세상을 덮고 세상을 향한 내 근심도 함께 덮어버렸다.

눈과 눈사람

> 국경의 긴 터널을 빠져나오자. 눈의 고장이었다. 밤의 밑바닥이
> 하얘졌다. 신호소에 기차가 멈춰 섰다.
>
> — 가와바타 야스나리川端康成, 《설국雪國》

──── 겨울에 한없이 쌓인 눈을 만날 때면 항상 이 문장이 머릿속에
맴돈다. 어두운 긴 터널 끝 갑자기 펼쳐지는 온통 하얀 세상, 갑자기
현실감각을 잃어버리는 세계. 요 몇 년 새 눈은 예고 없이 불쑥 나타
나고, 왔다 하면 폭설이다. 도시에 눈이 내리면 순간 도시는 색을 벗
는다. 채도는 낮아지고 섬세한 명도가 살아난다. 밝은 하얀색부터 엷
고 투명한 베이지 톤, 은은히 밝은 은회색 빛까지 다양한 눈이 도시
를 덮는다. 눈에 덮인 도시는 고요하기만 하다.

눈이 오면 정원이 텅 빈 느낌이다. 차고 보드랍고 푸근한 눈이 사
방을 덮는다. 겨울정원의 황량함도 메마름도 함께 덮는다. 소리도 집
어삼킨 눈으로 순간 무의 공간이 되어버렸다. 비움 속에서 공간의 본
질이 바로 보인다. 공空은 실은 가득 참이다. 무엇이든 품을 수 있는
가능성이며 희망이다. 겨울의 정원은 비움으로써 채우고 있고, 아직
드러내지 않은 존재들을 품고 있다. 새싹, 꽃, 열매, 새, 나비, 웃음, 꿈
등과 같은 정원을 채우는 모든 것이 눈 아래에 조용히 잠들어 때를
기다리는 중이다.

모처럼 쉬는 날 눈이 내리면 신경은 온통 가드닝센터에 가 있다.

특히 물기를 머금은 눈이 내리면 눈 무게에 자칫 나뭇가지가 부러지 거나 시설에 손상이 생길까 염려가 된다. 이튿날, 걱정을 한아름 지 고 가는 아침 출근길. 센터로 접어드는 골목 끝에 꼬마 눈사람이 서 있다. 나도 모르게 함박웃음이 지어진다. 센터 입구로 들어서니, 눈 사람이 하나 더 서 있다. 아, 이런. 한발 늦었네. 매년 눈이 오면 눈사 람을 만든다. 누구든 보고 즐거우라고. 모두에게 선물하는 마음으로 솔방울로 눈도 붙이고 못 쓰는 화분으로 모자도 씌워준다. 올해는 먼저 뜻밖의 선물을 받아버렸다.

눈사람을 만드는 마음을 가만히 생각해본다. 만들면서 재밌고 만 들고 나면 모든 이에게 겨울이 주는 특별한 선물이 된다. 너무 좋은 일 아닌가? 눈사람 곁엔 꼭 다른 눈사람들이 생긴다. 질 수 없다는 듯 더 멋지게. 어느 해인가 동네 정원에 눈사람 경쟁이 붙었다. 겨울 왕국의 올라프부터 당근 코를 가진 클래식 버전까지. 그 옆의 눈 오 리군단은 번외편이다. 날이 따뜻해져서 보내주어야 할 때까지 눈사 람은 현실을 동화로 만든다. 겨울을 즐기는 다양한 방법 중 가장 공 익적인 취미 활동이 아닐까 생각해본다.

눈 위의 발자국

——— 아침 일찍 정원에 나가보니 눈 위에 발자국이 어지럽다. 가만 보자, 이건 고양이 같고, 요건 새들의 발자국인데 우리 정원에 사는 까치려나. 밤의 정원은 늘 궁금하다. 어쩐지 모든 사물이 살아나 그

눈사람을 만드는 마음을 가만히 생각해본다. 만들면서 재있고 만들고 나면
모든 이에게 겨울이 주는 특별한 선물이 된다.

들만의 세상이 펼쳐질 것 같다. 눈 위 발자국을 보니 살짝 엿본 느낌이다. 얘네들이 밤새 무엇을 했나 발자국에 기대 상상해본다. 우리의 환상일 뿐 생쥐네 집에서의 티파티도 없고, 온갖 동물이 모여 달빛 아래 춤을 추지도 않을 것이다. 그래도 애써 부인하지 않아본다. 요정은 믿는 자에게만 보이고 꿈은 꾸는 자에게만 이루어지는 법이라했다. 내 정원에선 이야기를 짓는다. 환상을 가진 정원은 더 특별해 보이니까.

겨울정원 속 생물들이 깊이 잠들어 있다는 것은 우리 착각이다. 자세히 들여다보면 사람들의 눈을 피해 고요히 생을 잇고 있다. 맑은 종소리 같은 새 울음소리가 들린다. 소리를 가만히 따라가 보니 작고 동글동글한 새가 산수유 가지 끝에 앉아 있다. 새까만 머리통 아래로 미끈하게 뻗은 회색 깃을 보니 박새다. 눈 덮인 정원 속 산수유의 빨간 열매가 유난히 붉다. 열매의 개수를 나도 모르게 가늠해본다. 피라칸타, 마가목, 팥배나무, 덜꿩나무, 낙상홍 등은 겨울에 열매를 남기는 고마운 나무다. 겨울철 나무 끝에 매달린 열매들은 보기에도 아름답지만 새들에겐 겨울철 귀한 먹이가 된다.

정원을 조성한 지 겨우 2년. 아직 정원은 어리고 정원 속 식물들은 적응하고 키를 키운다고 열매를 충분히 맺지 못한다. 새들을 위해 부지런히 유실수를 심었지만 겨우내 새들의 배를 채우기엔 턱없이 부족해 보인다. 지난가을. 작은 정원을 조성하면서 정원을 찾는 친구들을 위해 못 쓰게 된 화분을 정원 곳곳에 두었다. 화분 구멍을 막고 물을 부어두었는데 한겨울 추위에 물이 꽁꽁 얼어버렸다. 괜히 내 속이 탄다. 아쉬운 대로 새들의 먹이가 될 씨앗 주머니라도 만들어둘걸 하는 후회에 마음이 따끔하다. 내년엔 좀 더 새들에게, 작은 동물들에게 다정하기로 다짐해본다.

고요한 희망

—— 겨울철 초록이 못 견디게 그리울 때면 춘천 제이드가든의 이끼원을 찾는다. 모든 계절이 아름다운 곳이지만 1월의 이끼원은 특히 아름답다. 인적이 적어진 이끼원을 홀로 걷는다. 따뜻한 계절 청량한 물소리가 나던 계곡마저 얼어버리고 정원은 고요하기만 하다. 시리고 맑은 공기가 정신을 또렷하게 하고 감각을 예민하게 깨운다. 정원을 가만히 들여다본다. 해가 닿아 눈이 녹은 자리에 이끼가 바랜 빛으로도 여전히 푸르다. 요란한 초록빛이 아니라 차분한 녹색이다. 회녹색과 감람색 사이 드문드문한 청록색. 누가 겨울철 정원이 단조롭다 했나. 1월의 이끼색은 너무나 다채롭다. 메마른 1월의 나에게 생의 활기를 가득 채워본다.

마음으론 매일 이끼정원에 가 있고 싶으나 몸은 삶에 있다. 일상에 닿은 정원에서 초록빛을 더듬어본다. 전나무(*Abies holophylla* Maxim.)의 깊고 어두운 녹색빛, 측백나무(*Platycladus orientalis* (L.) Franco)의 푸른 회색빛, 은청가문비(*Picea pungens* Engelm.)의 옥색을 덮은 은빛이 더욱 빛난다. 겨울정원 속 늘 푸른 나무들은 더 짙고

제이든가든의 이끼원. 해가 닿아 눈이 녹은 자리에 이끼가 바랜 빛으로도 여전히 푸르다.

풍요로운 초록빛이다. 푸른 빛이 차고 넘치던 여름날엔 주목받지 못하던 상록수의 초록빛이 귀하게 빛이 나는 시간이다. 화려한 색 잔치가 끝나고 모두 잠든 겨울날, 홀로 깨어 우리 곁을 지켜준다. 크리스마스트리로, 귀한 초록빛으로 덤덤히 자신을 내어준다. 배경이 아니라 주인공으로.

매서운 겨울의 끝자락이지만 곳곳에 봄이 서성대는 중이다. 이른 봄, 꽃을 발견하곤 '어느새 봄이 왔네!'라고 하지만 봄은 겨울이 한창일 때도 슬금슬금 우리 곁에 다가왔었다. 통통한 생강나무의 꽃눈에서 희미한 봄을 본다. 나무의 내일은 씨앗에도 있지만, 가지에 매달린 겨울눈 속에도 있다. 겨울눈이라고 하기엔 늦봄부터 차근차근 준비해온 나무의 희망이다. 뜻을 품고 내내 속으로 키우며, 추운 겨울을 가만히 숨죽여 버티게 해준 꿈이다.

겨울눈은 꽃이 될 꽃눈과 잎으로 자랄 잎눈, 잎과 가지 꽃등이 함께 있는 혼합 눈으로 나뉜다. 봄이 되어 무엇으로 변하든 나무에겐 무엇보다 소중한 존재이므로 아린芽鱗(눈을 감싼 비늘조각)으로 감싸고 있다. 아린은 보통 겹겹의 비늘조각과 수지, 털 등으로 이루어져 있다. 개중에는 때죽나무처럼 눈비늘 없이 잎 그대로 털로 덮여 말려 있는 식물도 있다. 꿈의 모습이 제각각이듯, 모든 식물은 자신만의 겨울눈을 가지고 있다. 모습과 방법이야 어찌 되었건 식물은 최선을 다해 겨울눈을 보호한다. 그러다 때에 이르면 겨울눈에서 폭죽 터지듯 노란 생강꽃이 피고, 나비 같은 산딸나무의 잎이 활짝 날개를 편다.

눈 아래를 헤집어보니 흙 사이로 푸른 빛이 어른댄다. 가까이 들여다 보아야 겨우 볼 수 있는 봄이다. 곧 남쪽 지방의 매화 소식이 닿을 것이다. 내가 사는 이곳에서는 아직 어림도 없는 꽃 소식이지만, 겨울 끝의 매서운 바람 아래에서도 고요하게 희망은 몸을 불리고 있다. 곧 때가 되면 봄은 말릴 새도 없이 불쑥 찾아올 것이다. 찬바람 아래 실린 가느다란 미풍으로, 땅 위를 덮는 나약한 온기로 말이다. 끝날 것 같지 않은 겨울날에도 그렇게 희망은 언제나 우리 곁에 조용히 머물고 있다.

눈과 상록수. 푸른 빛이 차고 넘치던 여름날엔 주목받지 못하던 상록수의 초록빛이 귀하게 빛이 나는 시간이다. 화려한 색 잔치가 끝나고 모두 잠든 겨울날, 홀로 깨어 우리 곁을 지켜준다. 크리스마스트리로, 귀한 초록빛으로 덤덤히 자신을 내어준다. 배경이 아니라 주인공으로.

초봄정원,
작고 어린 것들의 정원

이른 봄, 바람은 아직도 차기만 하다. 밖의 풍경도 여전한 겨울. 그러나 냉랭한 바람 안에서도 어깨에 닿는 햇살의 결이 문득 달라졌음을 깨닫는 순간, '봄이다!' 봄은 이렇듯 기운으로 온다. 작고 가볍게. 계절을 세심하게 찾는 이들에게만 보이는 봄이다. 다시 자세히 살펴본다. 갯버들의 꽃눈이 복슬복슬 통통하다. 풍년화 가지 끝에 노란빛이 어렸다. 곧 납매가 은은히 꽃을 보일 것이고 키를 낮추어 발밑을 더듬어보면 어딘가엔 설강화 꽃무리들이 꽃망울을 터트리려 봉긋이 부풀어 올랐을 것이다. 이렇게 봄은 작고 여린 것들로부터 시작한다.

정원사와 씨앗

―― 정원을 가꾸는 사람에게 이른 봄은 가장 설레는 계절이고, 마음만은 그 어느 때보다 분주한 날들이다. 매일 정원에 서서 골똘히 생각한다. 올해 정원은 어떤 모습을 할까. 무수한 선과 점 그리고 색들이 머릿속에서, 종이 위에서 어지러이 그렸다 지워졌다 한다. 지난해의 어려움은 홀딱 잊어버리고, 매일 꿈꾸고 설레는 날들이다. 종묘사의 홈페이지나 책자를 뒤적거리자니 화려한 꽃과 새로운 식물에 온통 마음이 빼앗긴다. 지난여름 풀을 뽑으며 정원이 너무 넓다고 한탄하던 기억은 온데간데없고, 그저 이 예쁜 친구들을 담기엔 턱도 없이 작은 정원이 못내 아쉽기만 하다. 이런 정원사의 마음과는 상관없이, 땅 아래에는 겨울을 이겨낸 여러해살이풀들이 조용히 덩치를 불리고 있을 것이다.

아직은 한기가 가시지 않은 겨울과 봄 사이, 창 너머 풍경은 아직 황량하다. 따스한 햇살 아래 앉아 있으려니 어쩐지 마음이 설레 지난해 수집해둔 씨앗 상자를 괜히 뒤적거려본다. 지난가을의 정원여행에서 받아온 풍선덩굴 씨앗 몇 개가 제일 먼저 눈에 띈다. 연둣빛 풍선 안에 담긴 마음 세 알. 동그랗고 까만 풍선덩굴 씨앗에는 하얀 하트 모양이 선명하게 새겨져 있다. 함께 여행하던 친구들 얼굴이, 낯선 이에게 음료를 내어주던 다정한 아주머니와 주인을 닮은 아름답던 정원에서의 오후가 순간 눈앞에 펼쳐진다.

동그란 털복숭이 같은 큰꽃으아리 씨송이가 보인다. 지난해 하얀

색 큰 꽃이 유독 많이 피었댔다. 씨송이는 또 얼마나 예쁜지, 꽃이 두 번 핀 듯했다. 까맣고 고운 모래알 같은 바질 씨앗 한 줌엔 지난여름의 맛이 입안에 감돈다. 샐러드로, 페스토로 내 밥상을 채워준 고마운 친구다. 까만 콩꼬투리 안에는 밥티시아의 보랏빛이 잠들어 있다. 혼자 덩치를 키우고 많은 꽃을 선물해준 친구다. 작은 화분에 흙을 담아 씨앗을 넣고 흙을 살짝 덮어준다. 조심스레 물을 준 뒤 빛이 잘 드는 곳에 둔다. 단순한 일이지만 못내 진지하게, 한 해의 꿈과 희망을 심어본다.

—
동그랗고 까만 풍선덩굴 씨앗에는 하얀 하트 모양이
선명하게 새겨져 있다.

씨앗은 추억이고 미래다. 그래서 씨앗 상자를 열면 지난해의 기억이, 맛이, 향기가 불쑥 튀어 오른다. 씨앗에 담긴 기억만큼 생생하게. 씨앗을 가만히 손에 쥐어본다. 생명이 담겨 있기 때문일까 어쩐지 온기가 느껴지는 것 같다. 지난해를, 또 새로운 한 해를 상상해본다. 씨앗에 담긴 무수한 이야기들에 잠시 마음을 빼앗긴다. 씨앗은 가능성이고 희망이며 꿈이다. 그래서 씨앗 상자는 정원사에게 무엇보다 소중한 보물상자다.

연둣빛 희망

—— 따뜻한 봄기운이 퍼지면 가장 먼저 강가의 버드나무에 연둣빛이 어린다. 아스라한 꿈같고 뭉게구름 같은 연둣빛. 이른 봄의 연둣빛은 실재하는 초록이 아니라 잡히지 않는 연기 같은 기운이다. 아직은 바람이 싸늘한 3월, 때 늦은 꽃샘추위는 옷깃을 여미게 하고, 뒤늦은 감기가 온몸에 신열을 낸다. 그래도 오는 봄을 누가 막을 수 있을까. 꽃샘추위가 아무리 매서워도, 땅 위에는 봄의 온기가 스물스물 퍼지고 온 세상에 생의 아지랑이가 어른거린다. 이 떨림이 추위에 진저리를 치며 나오는 건지, 희망에 겨워 온몸이 떨리는 건지 나도 헷갈리는 이른 봄이다.

지난가을 심어둔 구근 위를 살짝 헤집어본다. 반가운 연둣빛! 땅아래까지 고개를 디밀고 있었다. 지난겨울 내내 과묵하던 흙더미 아래, 홀로 조용히 봄을 준비 중이었다. 텅 비고 황량한 정원에서는 도무지 무언가가 다시 나오지 않을 것 같다. 구근은 매년 심고 매년 조바심이 난다. 끝나지 않을 것 같은 겨울 안에서, 세상을 다 얼어붙게 하는 맹추위 안에서 나는 있지도 않은 아카시아 나뭇잎을 하나씩 떼가며 되뇐다. '싹이 난다, 안 난다. 싹이 튼다, 아냐 못 틀 것 같아.'

이곳저곳 더듬다 수선화가 싹을 내민 걸 발견했다. 연초록 새싹들이 언 땅을 비집고 나와 있다. 곧 싹들 사이에 꽃망울이 통통하게 자랄 것이다. 봄을 하나 발견한 기분이다. 그러고 보니 화분에 심어둔 삼지닥나무가 궁금하다. 가지 끝 꽃무리의 은회색 솜털 사이가 살짝 벌어져 노란빛이 어른거린다. 봄 둘. 겨우내 매달려 있던 자줏빛으로 쪼그라든 덜꿩나무의 열매 아래 가지에 잎눈이 물이 올라 통통하다. 봄 셋. 이렇게 하나씩 발견하며 내 곁의 봄을 세어본다.

아무리 겨울이 깊다 해도 봄은 어김없이 온다. 새봄에 '싹이 틀까?'라는 어리석은 의심에 자연은 어김없이 이곳저곳에서 때에 맞춰 터지는 꽃으로, 새순으로 답을 해준다. 온실에서만 자라는 화초들은 꽃을 잘 피우지 못한다. 언제나 따스한 봄을 꿈꾸나 겨울을 지냈기에 온전히 맞는 봄이다. 혹독한 추위와 세찬 바람을 이겨낸 식물들은 이듬해 더 크게 자라고 많은 꽃과 열매를 맺는다. 우리 삶도 이런 당연한 희망에 기대어 살면 좋겠다. 겨울을 지낸 모두에겐 봄이 기다리고 있을 것이다. 그것이 자연의 순리니까.

봄인가 하니 봄을 찾아 주변을 더듬는다. 무심히 지나쳤던 봄이 곳곳에 있었다. 슬그머니 나타나 '나 여기 있소!' 소리치듯이. 분명하게. 이른 봄날은 언제나 내 아이 같다. 슬그머니 어디선가 나타나 강한 존재감으로 내 곁에 머문다. 조그마한 몸짓으로 맑은 웃음으로 마음을 온통 빼앗아놓곤 저는 상관없는 일이라는 듯 제 일에 몰두한다. 밝고 화사한 봄빛에 홀려 눈앞의 급한 일도 잠시 잊고 웃음이 난다. 희망과 자신감이 마음 가득 찬다. 그렇게 하루를, 한 해를 보낼 힘을 얻는다. 지금 이 순간에도 봄은 나날이 푸르러지고, 그저 이 봄을 기꺼이 누릴 내 마음만 남았다.

수선화. 연초록 새싹들이 언 땅을 비집고 나와 꽃망울을 피웠다.

봄 정원,
세상 가득한 생명의 빛이 어린 정원

우리 애기는 / 아래 발치에서 코올코올, / 고양이는 부뚜
막에서 가릉가릉, / 애기 바람이 나뭇가지에서 소올소
올, / 아저씨 햇님이 하늘 가운데서 째앵째앵

– 윤동주, <봄>

윤동주 시인의 <봄>이 사소하고 따뜻한 단어들로 채워
진 것처럼, 우리에게도 봄은 나른하게 살랑거리며 머문다. 사방에
점점이 뿌려진 꽃들처럼 한없이 가볍고 따뜻한 것들이 모여 봄이
된다. 봄은 아이의 숨소리에, 라일락 꽃향기에 그리고 어느새 깨어
나 분주한 벌의 웅웅거림 속에 존재한다. 그러곤 한 줄기 바람에 흩
어지는 벚꽃처럼 바쁘게 사라져버린다.

봄비와 정원사[1]

──── '톡, 톡, 토도 독' 막 깨어난 어린잎 사이로 봄비가 내린다. 정원에서 느릿느릿 걷다가 느닷없이 만난 봄비에 후다닥 처마 밑으로 뛰어든다. 오늘 할 일은 제쳐두고 비 구경이나 해야지. 세상을 향해 다정히 내리는 비는 세상을 감싸듯 조심스레 내린다. 산수국의 작은 이파리 위로 내린 빗물이, 그 아래 이제 막 싹을 내민 비비추 잎사귀 위로 떼구루루 떨어진다. 그 옆에 땅에 바짝 붙은 봄맞이 꽃들 사이에도 비가 내린다.

자연으로 그린 그림.

3월에 내리는 비는 정원을 깨우는 비다. 아직 한기가 남아 있는 이른 봄비는 '일어나!' 하고 엄히 다그치는 느낌이다. 그러나 4월의 봄비는 다르다. 제법 따뜻해진 세상 속 온기를 더하는 비다. 세상을 향해 격려하고 다독거리는 느낌이다. 예로부터 사월에 내리는 비는 곡식과 식물을 자라게 한다고 했다.

정원 속 어린잎과 이제 막 피기 시작한 꽃들 위로 봄비가 내린다. 메마른 땅으로 비가 흠뻑 스미자 때를 만난 뿌리는 아래로 위로 멀리 뻗어나가고, 잎은 한껏 기지개를 켠다. 변덕스러운 봄비는 때론 제법 많이 내리기도 한다. 어린 식물에겐 감당하기 힘든 시간이다. 정원사는 봄비가 남긴 상처를 찾아 돌보기 시작한다. 조심스레 물에 젖어 쓰러진 줄기를 세우고 빗물에 패인 곳을 찾아 흙을 돋운다. 정원사는 자연의 리듬 안에서 정원의 균형을 맞추는 자다.

비가 그친 정원에 어린 푸른빛은 더 진해지고 식물들은 한 뼘씩 더 자란 듯하다. 비가 와서 잠시 쉬었던 게 못내 아쉬웠는지, 나비는 이 꽃 저 꽃으로 바쁘게 팔랑거리고 벌의 웅웅거림은 더욱 요란하다.

자연의
소멸과 소생

—— 봄과 여름 사이 고대 그리스에서는 젊음과 생명의 신 아도니스Adonis를 기리는 축제를 했다. 아프로디테의 연인인 아름다운 청년

아도니스는 사냥 중 멧돼지에게 물려 죽는다. 연인을 잃은 슬픔에 잠긴 아프로디테가 제우스에게 간청하여 아도니스는 1년의 반을 지상에서 나머지 반은 지하세계에서 보내게 된다. 그리해서 아도니스는 새롭게 소생하는 것의 상징이고, 신화에 따라 자연은 주기적으로 소멸과 소생이 반복된다.

신화에 따르면 아도니스가 죽으며 흘린 피에서 아네모네가 피었다 한다. 아프로디테가 슬픔에 겨워 흘린 눈물에서는 장미가 피었는데, 아네모네와 장미는 과연 봄을 알리는 전령사다. 그 어떤 꽃이 피었더라도 아도니스는 신화를 통하여 봄에 새로 태어나는 식물을 상징한다. 사람들은 이를 기리기 위해 죽음을 애도하고 탄생을 축하하는 축제를 열었다. 이는 신화의 인물을 빌려 자연의 순환 속 새로운 시작을 즐겁게 맞이하는 의미로 해석할 수 있다.

아도니스 축제에서 눈여겨볼 부분은 아도니스 정원Garden of Adonis이다. 아도니스 정원의 핵심은 빠르게 자라고 금세 시드는 식물의 구성이다. 이를 통해 짧고 강렬한 생의 모습을 재현하고자 했다. 밀과 상추 등과 같이 씨앗을 뿌려 단기간에 싹이 트는 식물을 항아리나 바구니 등에 심어 생활공간에 장식했다. 이는 용기정원(컨테이너 가든) 형태로 고대인들도 생활 속에 용기정원을 두어 자연과 연결되고자 했음을 미루어 짐작할 수 있다.

식물은 금세 시들고 아름다움은 순간으로 사라진다. 사람들은 이를 통해 짧은 생의 주기를 보며 삶의 덧없음을 보았을 것이다. 식물이 시들면 강가에 띄워 보내 다시 자연으로 돌려보내며 애도하고 새로운 생명의 탄생을 기원했다. 지금도 우리는 비슷한 의식을 치른다. 아도니스를 직접적으로 기리지는 않지만 봄이 되면 튤립, 수선화, 팬지 등을 심어 봄을 맞는다. 한철 찬란하게 봄을 빛내던 식물들은 이내 볼품없이 시들어버린다. 그럼에도 생은 가치 있고, 아름다움은 우리의 기억 속에 남으며 생명은 씨앗에 담겨 영원할 것이다.

'봄이 혈관 속에 시내처럼 흐른다'는 윤동주 시인의 또 다른 시 〈봄〉의 시구처럼 봄은 모두에게 찾아와 저항할 새도 없이 포옥 젖게 한다. 봄은 사람에게도, 정원과 그 안의 작은 생명에게도 똑같이 찾아와선 모두가 꿈을 꾸게 한다. 미래를 향한 꿈, 한 해를 살아갈 희망은 너무나 덧없고 가볍지만 우리는 매년 찾아오는 봄에서 새롭게 다짐한다. 봄이 있기에 움츠린 어깨를 펴고 세상에 나아갈 힘을 얻는다. 또 순간으로 사라지는 봄을 보며 생의 유한함을 배우고, 어김없이 올 '봄'에서 생의 무한한 신비를 본다.

정원 한켠의 그늘진 자리, 은방울꽃이 조롱조롱 피었다.

이스라지

제비꽃

현호색(뒤편의 파란꽃)과 꿩의바람꽃

블루베리

봄은 사람에게도, 정원과 그 안의 작은 생명에게도 똑같이 찾아와선 모두가 꿈을 꾸게 한다.
봄이 있기에 움츠린 어깨를 펴고 세상에 나아갈 힘을 얻는다.

여름정원,
푸름의 절정에서 만나는 정원

　　　　　　　　　　　　　　푸르고 푸른 여름날의 정원. 눈 돌리는 곳마다 초록이
다. 여름은 질식할 듯한 밀도로 온 세상을 초록색으로 채운다. 초록
색, 수박색, 청록색, 풀색, 회녹색, 에메랄드그린, 올리브그린. 초록
색만큼이나 많은 표현이 있는 색이 있을까 헤아려본다. 그 수많은
초록색을 다 가져다 대어도 세상의 초록색을 모두 구별해낼 수 없
을 것 같다. 그만큼 여름의 초록은 다채롭다. 초록에다 흰색을 섞어
도, 검은색을 섞어도 초록색은 초록색이다. 본질을 잃지 않는 색 초
록. 여름의 초록빛은 삶의 본질이자 절정이다. 각기 다른 초록빛으
로 삶을 살아가도 식물은 식물, 여름은 여름이다.

망종 芒種

—— 여름은 보리가 익으며 시작된다. 망종은 양력 6월 6일 즈음으로 문자 그대로 보리가 익고 벼와 같이 까끄라기가 달린 곡식을 심는 때다. 봄을 마무리하고 여름을 여는 시기로 겨울부터 시작하여 봄을 지낸 것들을 거둬들일 시간이다. 보리를 베고, 매실을 따며, 꽃으로 계절을 빛내던 튤립의 통통한 구근을 캐낸다. 다시 여름 내내 정원을 물들일 식물들을 심는다. 입춘부터 시작된 한 해는 잎을 틔우고 꽃이 피고 지며 생명을 키워왔다. 이제는 삶이 절정에 달하는 시간이다.

'발등에 오줌 싼다'라는 속담이 있다. 너무 바빠 화장실 갈 시간도 없다는 말이다. 망종 절기의 분주함을 빗댄 표현으로 정원사들도 연중 가장 바쁜 시간을 보낸다. 숨 쉴 틈도 없이 모두 자기를 돌보아달라 아우성이다. 정원엔 해야 할 일투성이고, 일을 하면서도 다음 할 일이 생각나 몸도 마음도 분주하다. 생명력이 가장 절정에 달하는 시간, 점점 더 무더워지는 날씨만큼이나 생명의 열기 또한 뜨겁다.

여름철의 강한 생명력은 누구에게나 미치기에 모두가 최선을 다해 번성한다. 이는 작은 곤충들도 예외가 아닌지라 정원에 병충해가 기승이다. 병든 나무를 돌보고 벌레를 잡아보아도 역부족. 결국 나만 좋자고 심은 식물이 아니라는 나름 합리적인 근거를 생각해내곤 작은 벌레들에게 백기를 든다. 나의 승패는 관심 없다는 듯 측백나무는 빽빽하게 가지를 내고 비죽이 솟아오른다. 가지를 속아주고 순을 치라는 얘기다. 화단에 심은 박하는 무성하다 못해 좁은 화단은 우습다는 듯 틈만 나면 줄기를 내어 밖으로 비집고 나온다. 줄기를 잡아 뜯고 있으려니 벌써 해가 뉘엿뉘엿 넘어간다.

곧 장마가 올 것이다. 큰비를 준비해 물꼬를 미리 터주고 아랫잎을 정리한다. 이미 키가 커버린 분홍바늘꽃 가지에 지지대를 대어준다. 꽃망울이 막 벌어지려는 원추리가 안쓰럽다. 그래도 된다면 내가 얼굴이라도 붙잡고 서 있으련만. 길고 세찬 비는 나의 정원에도 어김없이 오고 굵은 빗줄기를 보며 내가 할 수 있는 건 모두가 잘 이겨내길 바라는 마음속 응원뿐이다. 비가 개고 해가 뜨겁게 다시 떠오른다. 세찬 비에 모두가 지치고 또 몇몇은 쓰러져버렸지만 젖은 얼굴로 다시 고개를 든다. 시련을 이겨낸 정원은 더 푸르러지고 생의 기세는 더욱 강렬할 것이다.

물푸레나무 아래에서

—— 커다란 나무 아래 그늘에 서서 하늘을 올려다본다. 푸르고 싱싱한 잎사귀 사이, 금빛으로 반짝이는 햇살에 절로 눈이 감긴다. 잎사귀 사이로 부는 바람이 이파리를 가볍게 흔들면 잎사귀가 짙은 청록색이 되었다 밝은 연둣빛이 되었다 하며 너울거린다. 나무의 우듬지가 가늠되지 않을 높은 나무는 둥치로 깊은 그늘을 드리운다. 그늘에 서자 밝은 자리가 눈이 부시다. 조금 전까지 서 있던 곳이 저리 밝았던가? 낯설기 그지없다. 여름날의 열기를 식혀줄 물푸레나무 그

늘 아래 선 김에 잠시 느긋해져본다.

물푸레나무(*Fraxinus rhynchophylla Hance*)는 한반도 전역에서 자생하는 낙엽활엽수로 보통 물가와 같이 습한 곳에서 잘 자란다. '물푸레'라는 이름처럼 가지를 물에 담그면 물이 푸르게 변한다. 나무속에 있는 에스큘린Esculin이 녹아 나와 푸른 빛을 띤다고 한다. 그래서 한자로 청피목靑皮木이라 한다. 나무가 단단하고 탄성이 좋아 목재로 귀하게 활용되는데 국궁國弓을 만드는 데 주요한 재료로 사용되었다. 현재도 생활용품이나 가구 등에 활용이 높은 나무다.

서양의 구주물푸레나무가 우리에게 친근한 목재인 애쉬Ash Tree목이다. 신성하고 위험으로부터 지켜주는 힘이 있다고 여겼다. 우리나라와 같이 생활에 유용하게 쓰였고, 그 쓰임만큼이나 신화에서도 자주 등장한다. 한 예로 북유럽 신화 속 세계수 혹은 우주수로 표현되는 나무인 이그드라실Yggdrasil이 물푸레나무라 한다. 이그드라실의 뿌리 아래는 생명의 샘과 닿아 있고 우주의 모든 만물은 이 나무에 닿아 연결되어 있다. 신화 속 이야기를 넘어, 한 그루의 나무는 단순한 의미 그 이상으로 우리에게 무궁한 삶의 순환과 조화 그리고 균형을 전달한다.

물푸레나무의 가지를 바라보자니 어쩐지 사람의 팔같이 보인다. 그래서일까. 한여름의 물푸레나무는 숲을 이고 있는 느낌이다. 비단 물푸레나무뿐 아니라 여름날의 모든 나무가 그렇다. 무성한 나뭇잎을 두르고 저 힘겨운 줄은 잊어버린 채 정신없이 삶을 살아가는 모습이다. 우리 젊은 날의 푸름과 열정 그리고 고됨이 영락없이 닮지 않았던가. 잎을 키우고 늘리고 성장하는 데 오롯이 바치던 날들, 숱한 생채기가 나고 또 나던 그런 날들. 여름의 열기가 내뿜는 뜨거운 바람 속에서, 나무의 서늘한 그늘에 기대 잠시 쉼을 가져본다. 가만히 나무에 손을 얹고 위로를 건네고 또 받는다.

풀과 잡초

―― 여름의 정원은 온갖 풀과 잡초와의 씨름이다. 잡초를 뽑으며 하루를 보내고 뒤를 돌아다보면 신기하게도 새로운 잡초가 쑤욱 자라 있다. 이 마법 같은 현상에 온종일 나는 무얼 했는지 의심하게 될 지경이다. 내가 애지중지 키우는 어여쁜 아이들의 성장은 내 정성이 무색할 만큼 더딘데 어찌하여 나에게 온갖 구박이란 구박은 다 받는 잡초는 기세가 등등하단 말인가. 뽑으면 뽑을수록 잡초는 더 크게 자라고 보란 듯이 더 멀리까지 씨앗을 뿌려댄다.

수업 중에 학생이 잡초가 무엇인지 물을 때면 나는 배운 대로 '의도하지 않은 장소에 자리를 잡은 식물'이라고 답을 했다. 돌이켜 생각해보니 잡초라는 말도, 자리를 멋대로 잡았다는 말 또한 지극히 인간의 이기적인 관점이다. 정원을 망가트린다는 생각도 마찬가지다. 지구의 눈으로 본다면 사람들이야말로 가장 잡초 같은 존재라는 생각이 든다. 좀 더 편견 없는 마음으로 잡초를 들여다본다. 여전히 골칫덩어리이지만 그 안의 특별함이 자꾸 찾아진다.

아무도 보아주지 않아서, 특별한 구석이 없어서 슬플 것 같지만 실은 평범함 속에 비범함을 숨기고 있는 식물이다. 오히려 무관심 속에서도 자신의 가치와 의미를 알고 최선을 다하는 존재다. 생명의 의지가 누구보다 강인한 잡초는 적당히 져주는 법도, 쉽게 포기하는 법도 없다.

겨울을 지나 빈 땅에 해가 드리우면 빠르게 때를 알고 부지런히 세상으로 나온다. 깊게 박힌 뿌리는 웬만해선 쉽게 뽑혀 나오지도 않거니와 도중에 끊긴 부분에서 재빨리 새로운 싹을 내민다. 웬만한 짓밟힘에도 풀이 죽지 않고, 밟혀도 끝까지 꽃을 피운다. 뽑혀 땅바닥에 패대기쳐지는 순간에도 씨앗을 사방으로 뿌려대는 이, 바로 잡초다. 그래서 뽑으면 뽑을수록 더 많이, 넓게 퍼지는 친구다. 세상이 가혹할수록 잡초는 더 집요하고 강해진다. 잡초는 예측 불가능한 세상에 가장 빠르게 적응한 식물이다. 달리 말하면 누구보다 먼저 진화한 식물이고 세상을 살아내는 자신만의 전략을 확고히 만든 식물이다.

"잡초는 아직 그 가치를 발견하지 못한 식물이다"라고 말한 미국 철학자이자 시인 랠프 월도 에머슨의 말에 동감한다. 우리가 아끼는 수많은 식물 또한 잡초로 시작해 가치를 발견할 때마다 지위를 달리했을 것이다. 우리도 그렇다. 아직 발견하지 못했을 뿐 모두가 쓰임이 있는 귀한 존재다. 여름의 초록빛을 채우는 건 큰 나무와 개성이 뚜렷한 초화류뿐만 아니다. 이름 모를 잡초도 곳곳에서 무수한 초록빛으로 여름을 빛내고 있다.

여름정원. 무수한 초록빛으로 빛이 난다.

늦여름정원,
味未美 미월의 정원을 즐긴다

○ ──────────── 모든 것을 녹일 듯한 기세등등한 태양 아래 늦더위가
한창인 8월이다. 그러나 영원한 것이 어디 있을까. 계절은 머무르는
법이 없다. 팽팽했던 열기는 저녁 무렵, 피부에 스치는 한 줄기 바람
에 풀어져버린다. 화려했던 시절의 꽃 잔치, 잎 잔치. 지난 계절의 무
수한 영광과 상처는 뒤로하고, 이제는 성장을 멈추고 성숙해야 할
시간이다. 8월 초, 음력으로 미월(6월), 계절의 맛을 어렴풋이 아는
시기, 그러나 아무것도 아닌 때. 그럼에도 생의 절정인 아름다운 시
절이다. 계절은 마흔과 닮았다. 계절에서 나를 바라본다.

계절의 맛,
味(맛 미)월

──── 8월에 들어서자 과일가게가 부쩍 풍성해진다. 뽀얀 아기궁둥이 같은 복숭아와 새빨간 자두, 탐스러운 포도까지. 쳐다만 보아도 새콤달콤한 여름 맛에 입안엔 침이 고인다. 그중 가장 좋아하는 것은 초록빛 풋사과. 내가 8월을 기다리는 건 풋사과를 기다리는 것과 다름이 아니다. 1년 중 잠깐 맛볼 수 있는 초록색 사과, 단단한 사과를 한 입 베어 물면 입안에 퍼지는 풋풋함과 새콤함. 여름의 더위에 지쳐 잃은 입맛도 단숨에 찾아 주는 고마운 친구다. 다른 빨간 사과들의 품위 있는 완벽한 맛의 조화는 아직 갖지 못했지만 풋사과만의 싱그러움은 과히 특별하다.

가을에 성숙하는 많은 열매의 맛과 모양새가 초록 사과와 비슷하다. 8월은 그런 달, 치열한 여름날이 안긴 작은 열매들을 온 힘을 다해 붙잡고 키우는 달이다. 삶의 맛을 알아버린 시간, 그러나 여전히 풋내가 난다. 그러다 가을이 되어 빨갛게 익은 사과를 먹으면 알게 된다. 진짜 사과의 맛을. 푸르름이 남은 맛은 새콤한 게 자극적이지만 미완의 맛이다. 다 익은 사과가 가진 섬세한 맛이 없다. 노란 과육이 품은 달고, 새콤하고, 향기롭고 은은한 맛을 보고서야 사과의 맛을 이해하게 된다.

정원의 감나무에 동그랗고 파란 감들이 매달려 있다. 감나무는 저 힘든지도 모르고 가지가 부러지도록 감을 매달고 있다. 욕심껏 매단 열매를 다 익힐 수 없음을 알았는지 스스로 떨어트린 작은 열매들이 감나무 아래 한가득이다. 궁금함을 이기지 못하고 제법 자란 파란 감나무 열매를 따서 베어 물어본다. 입안에 채 닿기도 전에 섣부른 호기심을 후회한다. 더없이 떫고 아린 맛. 혀가 없어지는 것 같다. 이렇게 떫은 게 그토록 달콤한 홍시가 된다는 게 믿기지 않는다. 아직은 때가 아닌 시절, 여름과 가을 사이, 8월이다.

미완의 시간,
未(아닐 미)월

———— 늦여름, 나의 단골 산책길인 워커힐로를 찾는다. 워커힐호텔부터 시작해 구의야구공원까지 이르는 짧은 길이다. 봄의 벚꽃길로 유명해 봄이면 그 길이 인산인해다. 그러나 그 길의 참맛은 사람이 빠진 나머지 다른 계절에 있다. 여름의 녹음과 가을의 단풍 그리고 겨울나무 가지의 굵고 섬세한 선까지, 인적이 드문 한낮의 시간, 홀로 타박타박 걷는다. 아차산에 면해 있는 폭 좁은 도로는 불과 수십미터 밖은 도시라는 생각이 들지 않을 만큼 조용하고 숲이 우거졌다. 키 큰 나무들이 자라며 만든 숲 터널을 매미소리, 새소리와 함께 걷는다. 세상과 잠시 떨어진 이 길에서 수많은 이야기가 내 속에서 나왔다 사라진다.

　나무 아래 서니 무성한 덩어리가 아니라 한 잎, 한 잎의 나뭇잎이 그제야 자세히 보인다. 푸르기만 한 줄 알았던 나뭇잎에 온전한 푸르름이 없다. 어딘가엔 벌레 먹은 자리, 비바람에 시달린 흔적들, 서로가 비벼대며 낸 상처들까지, 이래서 삶은 멀리서 보면 희극이지만 가까이서 보면 비극이라 했던가. 나무들이 '이제는 삶을 알 것도 같아'라고 말을 건네는 듯하다. 그러나 여전히 푸른 여름날이다. 나무는 흠 없는 잎사귀도 원숙한 단풍도 두르지 못한 채 갸웃거리며 말없이 서 있다.

> 8월은/ 오르는 길을 멈추고 한 번쯤/ 돌아가는 길을 생각하게/
> 만드는 달이다/ (중략)
> 8월은/ 정상에 오르기 전 한 번쯤/ 녹음에 지쳐 단풍이 드는/
> 가을 산을 생각하는/ 달이다
>
> — 오세영, 〈8월의 시〉

오세영 시인의 〈8월의 시〉의 시구처럼 8월은 그렇다. 숨 가쁘게 해를 보내다 문득 멈칫하게 되는 달. 그 어쩌다 한 번의 멈칫거림이 수차례 반복되며 돌연 삶의 방향성을 바꾸게 된다. 밖으로만 향해 있던 시선이 나를 바라보게 되는 시간이 8월이다. 공기의 결이 달라지면 식물들이 제일 먼저 안다. 본질을 찾아 집중하는 시간이 왔음을. 스스로 성장을 멈추고 성숙을 준비한다.

신나게 지내온 시간들, 문득 되돌아보니 세월이 남긴 피로함이 몰려온다. 푸르게 힘 있던 잎사귀엔 지난여름 꽃을 피우고 나를 키우던 노고가 남긴 얼룩덜룩한 흔적이 가득하다. 젊은 날의 찬란함은 빛을 잃었지만, 세월의 결을 따라 온화한 빛이 깃들기 시작한다. 무수히 주장하고 때론 참아내던 시간들, 수많은 경험은 나를 단단하게 만들고 나답게 만들어주었다. 이제는 나로 살 시간이다. 고운 꽃으로 향기로 나를 봐달라고 한껏 치장하던 마음도, 더 크고 넓게 나를 과시하던 치기 어린 몸짓도 안녕이다. 나를 보내고 진짜의 나를 만난다.

아름다운 시절,
美(아름다울 미)월

——— 늦은 여름날, 이제야 한숨을 쉬며 정원을 돌아다본다. 여름 한낮 잡초와 씨름하며, 온갖 병충해에 전전긍긍하며 땅만 보며 지낸 정원이 새삼 낯설다. 내 정원이 이리 아름다웠나? 정원식물들의 온갖 시중을 들며, 매일 생기는 다양한 숙제를 풀며 지낸 시간이었다. 어느 날은 하루가 고통스러울 정도로 길고, 또 어떤 날은 아쉽게도 너무 짧았다. 여름 내내 피고 지던 나비바늘꽃(Gaura lindheimeri)과 이제는 덩치가 커진 러시안세이지(Perovskia atriplicifolia)의 은빛 가지가 푸른 그래스들 사이에서 한들거린다. 눈부신 흰색부터 우아한 자주색까지 세상의 온갖 아름다운 색으로 물든 달리아가 시선을 잡아끈다.

늦여름의 정원에는 농밀한 달리아가 끝없이 피고 진다. 달리아는 중앙아메리카에서 자생하던 식물이다. 대항해시대에 유럽에 소개된

후 유럽의 왕실과 상류층 사이에서 크게 사랑받았다. 특히 나폴레옹과 조제핀 황후의 달리아에 대한 애정과 그에 따른 여러 이야기가 전해진다. 프랑스 말메종Malmaison 궁전에는 여러 품종의 달리아로 꾸민 정원이 있었다고 한다. 외부로 품종이 나가지 못하도록 철저히 단속했다고 하나, 결국 궁전의 정원사가 회유에 넘어가 몰래 빼돌리는 일이 생겼다. 조제핀은 몹시 화가 났다고 하나 그 덕에 달리아가 대중화되었다는 일화가 있다.

지금은 사라지고 없지만, 당시 화려했을 달리아의 정원을 상상해 본다. 늦여름의 달리아는 화려한 색감과 형태로 계절을 빛낸다. 해의 강렬함도 한풀 꺾이고 화려함이 저무는 늦여름의 시간에 오히려 강렬한 존재감을 뿜낸다. 한여름의 더위와 폭풍우, 숱한 어려움을 견딘 자만이 낼 수 있는 단단하고 풍부한 아름다움이다. 달리아의 꽃말은 '우아함과 위엄', '감사', '변치 않는 사랑' 등이다. 꽃에서 느껴지는 삶의 강인한 아름다움이 계절을 닮았다.

8월의 정원에 선다. 이제는 어렴풋이 느껴지는 계절의 감각 그리고 나의 시간. 봄날처럼 바삐 지나치지도, 여름날처럼 뜨겁게 타오르지도 않는 시간이라는 것을. 이제는 안으로, 안으로 익어가야 할 때라는 것을 느낀다. 계절에 맞게 태양은 결을 달리한다. 여전히 밝고 강하게 내리쬐지만 내 안의 열매를 향해 스포트라이트를 보낸다. 고운 꽃도 져버리고 푸르름도 빛을 잃었지만, 내 안엔 여전히 곱고 싱그런 꿈이 있다. 나를 영원히 살게 할 나의 희망.

여름의 어원은 '열매'에서 나왔다고 한다. 열매는 식물의 꿈이요 미래이니, 여름은 다음 세상을 위한 '열음'이 아닐까 생각해본다. 화려한 꽃도 지고 이제는 다음 세대를 위해 내 안의 에너지를 집중해 열매를 내어놓을 시간이다. 여름과 가을 사이, 우리들의 마흔도 그렇다. 키우고 익어가는 계절, 여전히 푸르나 곧 낙엽이 질 때가 올 것임을 문득 깨닫는 나이, 청춘의 가벼움도 노년의 중후함도 아닌 조금은 어정쩡한 나이, 그럼에도 생의 한가운데, 그렇기에 아름다운 시절이다.

달리아의 꽃말은 '우아함과 위엄', '감사', '변치 않는 사랑' 등이다. 꽃에서 느껴지는 삶의 강인한
아름다움이 계절을 닮았다.

가을정원,
풍요와 낭만이 넘치는 정원

누가 정원 일이 우아하다 했던가. 정원의 일들은 지난 초봄부터 전투적으로 시작되었다. 여름의 치열한 전장을 끝으로 가을이 오면 휴전의 기운을 타고 돌연 느슨한 여유가 생긴다. 정원이 그러하듯 정원사들 또한 숨 고르기의 계절이다. 지친 한 해를 돌아보고 비로소 내 정원을 자세히 들여다본다. 지난 시절의 노고를 위로하듯 정원엔 아름다움이 가득하다. 폭우에, 폭염에, 염치없던 병충해들과의 씨름 따위의 힘들었던 기억은 가물가물하고, 추억은 미화되어 마냥 낭만과 풍요가 가득하다. 차 한잔 들고 정원에 앉아 한낮을 음미한다. 이런 사치가 당연히 허락되는 계절이다.

풍요의 시간

—— 더위가 잦아들고 문득 올려다본 하늘이 새파랗게 높아지면 주변을 둘러보게 된다. '가을이다!' 지난하던 여름을 지나 만난 두 번째 봄이다. 초록빛이 서서히 알록달록한 빛에 자리를 내주기 시작한다. 가을은 여러모로 풍요의 시간이다. 가지 끝에 주렁주렁 매달린 열매와 함께 정원을 채우는 고운 빛깔의 색들 그리고 겨울을 준비하는 다양한 생물의 몸짓마저 바빠지는 계절이다. 모든 넘치게 넉넉하고, 풍성하며 활기차다.

포도나무에 뒤늦게 작은 포도송이가 매달린 채 쪼그라든 걸 발견했다. 생각지도 못한 선물을 받은 기분이다. 한 알 따 먹어본다. 입이 아릴 정도로 깊은 단맛. 지난여름의 더위가 똘똘 뭉친 맛 같다. 정원에서 가장 요란한 감나무 아래로 가본다. 열매의 맛은 정원을 찾는 다른 손님들이 먼저 안다. 온갖 새들의 들뜬 노랫소리에 귀가 먹먹할 지경이다. 내 작은 키에 손이 닿을 감이 있을 리가 만무하다. 바닥에 떨어진 제법 온전한 열매를 하나 집어본다. 어째서 가을 열매들은 이토록 달고 실한 것일까. 계절은 마음도 어찌나 넉넉한지 자꾸 내어주고, 모든 쥐여주지 못해 안달이다.

입안에 큼지막한 대추 한 알을 넣는다. 동그란 대추를 입안에서 요리조리 굴리다 꽉 깨문다. 입안에 퍼지는 농익은 달콤함. 달고 깊은 가을의 맛이다. 장석주 시인의 대추 한 알을 머릿속으로 읊는다.

저게 저절로 붉어질 리는 없다/ 저 안에 태풍 몇 개/ 저 안에
천둥 몇 개/ 저 안에 벼락 몇 개/저게 저 혼자 둥글어질 리는
없다/ (중략) / 대추 나무야/ 너는 세상과 통했구나

– 장석주, 〈대추 한 알〉

입에 문 대추나무의 지난 시간을 음미해본다. 그럼 그렇지, 저절로
익는 건 없다. 정원에 있는 모든 것이 절로 둥글어지고 붉어졌을 리
가 없다.

계절의 빛

────── 검이불루 화이불치儉而不陋 華而不侈. '검소하나 누추하지 않고, 화
려하나 사치스럽지 않다'라는 뜻으로, 고전에서 우리나라의 아름다
움을 이야기할 때 종종 사용되는 고사성어다. 잘 알려진 예로는 조
선 태조 3년에 정도전이 쓴 《조선경국전》에서 찾을 수 있다. 정도전
은 궁궐의 건축이 기준으로 삼아야 할 덕목을 이야기하며 문구를 빗
대어 설명했다. 그 안에는 기품 있는 아름다움을 담되, 백성을 힘들
게 하는 사치를 경계하라는 깊은 마음이 담겨 있다. 근래에는 한국
정원의 미를 설명할 때 종종 사용된다.

정원을 바라보다 나직이 읊어본다. 계절의 아름다움 또한 이 글에
담기는 듯하다. 시들어 사라지는 한해살이 풀꽃들이 정원에 빈자리

를 듬성듬성 만들고, 다른 식물도 초록을 잃고 색색이 물들어간다. 봄과 여름철 정원을 터질 듯이 채우던 꽃과 화려한 초록빛은 없지만 여러 계절을 지나 정원은 더 단단하고 안정감 있는 모습이 되었다. 오히려 무성했던 여름이 스러진 자리가 만든 여백이 여운을 만든다. 모두가 나를 봐달라는 아우성이 잠잠해지자. 그 틈 사이로 운치가 담긴다.

단풍은 또 어떤가. 담홍색부터 엷은 감색 그리고 자홍색으로 화려하게 물들어 있다. 과히 봄의 꽃들과 견줄 만하다. 그러나 봄의 꽃들이 떠들썩한 화려함이라면 가을의 단풍은 차분하고 기품 있는 아름다움이다. 평균 기온이 5도 안팎으로 떨어지면 식물은 활동을 멈춘다. 광합성을 멈추고 잎을 떨어낼 준비를 하며 단풍이 들게 된다. 스스로 잎 안의 엽록소를 파괴하여 분해하는데 이때 안토시아닌 색소가 생성되는 식물은 붉은빛이나 갈색 등으로 잎 색이 변한다. 노란빛의 단풍은 초록빛 엽록소에 가려져 있던 카로틴 색소가 드러나 변하게 된다.

타오르는 듯 붉은 화살나무, 팥배나무의 주홍빛 잎사귀, 자작나무의 투명한 노란빛 단풍까지 온갖 색이 정원을 채운다. 단풍의 색과 빛이 모두 다른 것은 잎마다 가진 색소의 질과 양 때문이다. 밤과 낮의 기온차가 커질수록 단풍은 더 짙게 물든다. 고난 속에서 더 빛을 내는 가을의 단풍은, 삶을 정리하며 나오는 담담함이며 고유한 삶의 빛이다. 자기만의 빛으로 계절을 빛내다 때가 되면 돌연 미련 없이 가볍게 내려놓는다.

타오르는 듯 붉은 화살나무. 단풍의 색과 빛이 모두 다른 것은 잎마다 가진 색소의 질과 양 때문이다. 밤과 낮의 기온차가 커질수록 단풍은 더 짙게 물든다.

낭만에 대하여

——— 맑고 청량한 공기와 함께 가볍게 시작한 가을이 시간을 더해 깊어간다. 해가 기우는 것을 잊을 만큼 찬란했던 단풍이 힘없는 바람에도 속절없이 우수수 떨어지는 순간, 애써 붙잡고 있던 마음이 툭 내려앉는다. 가을이 깊을수록 사람들의 마음도 따라 깊어진다. 한껏 우수와 낭만에 젖은 마음이 모자랄까 귀뚜라미도 처연한 소리로 분위기를 더한다. 계절의 흐름에 무심하던 사람도, 감정이 잠잠하던 사람도 쏟아져 내리는 낙엽 아래서 달력 속 얼마 남지 않은 숫자 사이로 마음이 요동치기 시작한다.

가을은 지난여름이 꾸던 꿈이다. 해가 따갑던 자리마다 단풍이 내려앉았다. 비바람 속에서도 끝내 지켜낸 열매가 탐스럽게 맺혀 있다. 이 가을의 풍요로움은 지난해부터 준비하던 것들이다. 작은 씨앗일 때부터. 아무것도 아니고, 아무도 알아주지 않아도 속으로 꿈꾸고 계획하던 것들. 내 안의 가능성을 믿고 차근차근 자신만의 때를 기다려 시작하고 키워낸 것들이다. 한 해를 충실히 보낸 자들이 누리는 충만함이고, 새로운 해를 준비한 자의 여유로움이다.

10월, 빛나는 금빛으로 물든 계수나무 아래에 선다. 달고 단 향기, 사랑만 가득하던 하트 모양의 잎에도 삶의 흔적이 가득하다. 지난 여름날 그늘을 내어주고도 아쉬웠는지 달고나 같은 향기로 계절을 위로해준다. 서늘한 바람에 잎사귀가 우수수 떨어진다. 그 아래를 지나던 중년의 아주머니들이 탄성을 지른다. 세월을 건너 다시 스무 살아가씨라도 된 듯한 밝고 명랑한 웃음이다. 서로 사진을 찍고 찍어주며 또 한번 신나는 웃음들. 한 해를 잘 지낸 자들이 만들어낸 풍요로운 낭만이다.

가을이 깊어 눈이 부신 날이다. 조팝나무에 단풍이 곱게 들어 청량한 가을바람 아래 춤추듯 살랑거린다. 파란 하늘과 보랏빛 쑥부쟁이가 고운 주홍빛으로 물든 설유화 뒤로 함께 신비롭게 흔들린다. 정원을 가만히 보고 있자니, 나 말고도 곳곳에 정원을 바라보는 이가 여럿이다. 멀리서 나이 지긋하신 어르신 한 분이 언덕을 내려오다 말고 정원을 지긋이 오래도록 바라보신다. 이내 얼굴에 피어나던 충만한 행복감. 자연의 감응은 나이와 비례하는 것일까? 그 깊이 있는 미소가 자꾸 생각이 날 것 같다. 내 젊은 날엔 못 보고 지나쳐갔던 것들. 나이 듦은 이런 의미로 축복이다.

조팝나무에 단풍이 곱게 들어 청량한 가을바람 아래 춤추듯 살랑거린다. 파란 하늘과
보라색 구절초가 고운 주홍빛으로 물든 설유화 뒤로 함께 신비롭게 흔들린다.

늦가을 정원,
정원이 전하는 삶의 의미를 음미한다

○ ─────────── 계절의 끝자락으로 달려간다. 이미 한 해는 저물어가는데 가을답지 않게 따뜻한 날들이 이어지던 며칠이다. 고새를 참지 못한 잡초 새싹들이 이곳저곳에서 고개를 내밀었다. 잡초를 뽑고 시든 잎을 정리한다. 마른 가지를 쳐내기 시작한다. 가을 내내 잘 달구어진 프라이팬 속 팝콘처럼 연신 흰 꽃을 터트려대던 공작아스타가 볼품없이 마른 가지로 남은 것이 믿기지 않는다. 문득 고개를 들어 정원을 쳐다본다. 해가 기울기 시작한 늦은 오후의 가을 햇살은 따뜻함으로 정원을 감싸고 있다. 얼마 남지 않은 조팝나무의 귤빛 잎사귀가 가을 햇살 속에서 금빛으로 반짝여 눈에 부신다. 정원의 식물들은 한 해를 지켜낸 담담함으로 아름답게 저물어간다.

세상의 모든 갈색 빛

—— 가을의 끝과 겨울의 시작 그 어디쯤의 정원은 화려한 지난 계절의 색을 모두 내려놓았다. 대신 눈 닿는 곳마다 다양한 갈색이다. 색상이 표현할 수 있는 모든 갈색이 정원에 담겨 있다. 보통 갈색은 눈에 띄지 않거나 배경으로 사용되는 색이나 이 계절만큼은 갈색이 주인공이다. 갈색은 보통 검은빛에 주홍빛이 섞여 만들어진다. 거기에 초록색, 빨간색, 노란색 등이 섞이면 다양한 갈색이 된다. 정원을 채우던 다양한 색이 계절빛에 녹아 독특한 갈색빛으로 다시 태어났다.

봄부터 가을까지 정원 곳곳을 무성한 푸르름으로 한결같이 자리를 지키던 그래스조차 갈색으로 변했다. 초록빛이 전혀 남지 않은 완벽한 갈색빛으로. 초록이 한창인 시절에는 덤덤한 초록빛으로 배경이 되어주더니 가을이 되어 정원에 모든 갈색이 나타나자 연한 갈색으로 톤을 맞춘다. 그래스는 겨울 내내 빈 공간이 가득한 이곳에 홀로 남아 정원을 지키다 초봄이 되면 막 돋아나는 어린잎들 사이로 조용히 사라져갈 것이다.

핑크뮬리(털쥐꼬리새, *Muhlenbergia capillaris*)의 분홍빛 안개 같던 고운 색도, 잎의 싱그런 초록색도 연한 갈색빛으로 정원에서 몽환적인 분위기를 만든다. 수크령 품종 중 덩치가 작은 리틀버니 (*Pennisetum alopecuroides* 'Little Bunny')도 여전히 아담한 갈색빛으로 남았다. 한여름부터 맺힌 바닐라아이스바 같은 단단한 꽃대를 여전히 꼭 쥐고서. 참억새 종류인 퍼플폴(*Miscanthus sinensis* 'Purple

Fall')의 자홍색 잎도 갈색으로 변해간다. 참억새답게 지난여름 덩치를 크게 키운 친구다. 여전히 늦가을의 정원을 든든하게 채워주고 있다. 겨울을 앞둔 황량한 정원에서 갈색 찾기가 끝나지를 않는다.

그래스가 연하고 부드러운 갈색빛이라면 꽃과 줄기가 그대로 마른 식물은 또렷하고 진한 갈색이다. 얼마 전까지도 색색의 화려하고 큰 꽃을 피우던 에키네시아의 둥근 씨송이가 그래스 사이에 점점이 남았다. 층꽃나무의 층층이 맺힌 씨송이와 절굿대의 동그랗고 삐죽한 씨송이가 지난여름의 보랏빛을 잃고 흙갈색으로 변했다. 이 검은 씨송이는 힘든 계절을 보내는 새들에게 귀한 먹이가 되어줄 것이다. 가만히 생각해보니 갈색은 흙색과 닮았다. 생명의 근원을 닮은 흙빛으로 식물들은 소멸함으로써 새로운 탄생을 준비한다.

새 희망을 심다

────── 나무가 나뭇잎을 하나씩 내려놓는 늦가을이 되면 한 해의 면면이 드러난다. 지난 계절 나무가 스스로를 키우기 위해 고심한 흔적들, 크고 작은 상처들까지. 그리고 나무를 위해 정성껏 가지를 치고 수형을 다듬어낸 정원사의 정성과 솜씨까지 여실히 보인다. 이렇게 잘 자란 나무들은 텅 빈 정원 속 가장 아름다운 조형물이 된다. 정원사는 겨울의 문 앞에서 나무에게 짚으로 옷을 만들어 입힌다. 지난 계절에도 그랬듯이 다음 계절을 위해 정성을 다한다.

산책하다 발에 뭔가가 채인다. 쪼그리고 앉아 바닥을 더듬어보니 도토리가 참나무의 낙엽 사이로 드문드문 보인다. 밤나무, 신갈나무, 상수리나무, 갈참나무 등 모두가 도토리나무인 참나무 식구들이다. 잎을 모두 떨구고 깊은 잠을 잘 준비를 마친 참나무 여럿이 모여 있다. 잠에 들면서도 숲에 남을 친구들에게 생명의 조각을 남겨놓았다. 다른 계절이라면 어림도 없는 나무의 우듬지를 더듬어본다. 커다란 가지 위에 얹은 새 둥지가 보인다. 정원사가 정원을 돌보듯 나무는 나무에 기대어 사는 모든 생명을 돌보고 있었다.

숨 고르기에 들어간 정원에서 다시 새로운 한 해를 준비한다. 큰 눈에 가지가 부러질세라 마른 가지들을 정리하고 또 겨울의 정원을 위해 가지들을 남긴다. 섬세한 정원사의 손길과 안목에서 정원은 지난 계절과는 확연히 다른 모습으로 공간을 비우고 또 채운다. 차가운 땅 아래 깊이 내년 봄을 위한 구근을 심는다. 한겨울의 추위를 이겨낸 구근들은 노란 수선화로, 보랏빛 무스카리로 또 색색의 튤립으로 새로운 봄을 맞이할 것이다.

생명의 영원함 속에서 자연은 무궁하다. 그렇기에 정원은 영원한 미완성이다. 그저 계절을 보내고 다음 계절을 준비하는 일, 그 반복적이고 단순함이 정원의 일이다. 삶의 민낯을 보이는 계절 늦가을, 텅 빈 정원에서 삶의 본질을 본다. 정원 안에서, 삶 속에서 누구나 꿈을 꾸고 쫓는다. 그러나 꿈은 무지개 저편이 아니라 이곳에, 매일 반복되는 일상 속에 있다. 새봄은 이제 막 심은 구근 속에, 깊이 잠든 나무를 감싼 짚 이불 속에, 나무가 남겨놓은 열매에 있다.

새로운 한 해의 시작을 달력에서는 1월 1일이라 하고, 세시풍속에서는 입춘이라 한다. 정원사의 한 해는 늦가을부터 시작한다. 늦가을의 정원에는 낙엽이 가득하다. 마른 잎들 사이로 시든 줄기가 비쩍마른 채 앉아 있고, 잎을 모두 내려놓은 나무가 허허롭게 서 있다. 온통 마르고 빈 정원이다. 다른 이들이 늦가을의 정원에서 소멸을 볼때 정원사는 소생을 생각한다. 이듬해 밝게 소생할 정원을 꿈꾸며 새로운 한 해를 준비하는 계절이다.

서리 내린 마른 가지. 늦가을의 정원에는 낙엽이 가득하다. 마른 잎들 사이로 시든 줄기가
비쩍 마른 채 앉아 있다. 다른 이들이 늦가을의 정원에서 소멸을 볼 때 정원사는 소생을
생각한다.

Part

3

사유

오감을 깨우는
정원 속 순간들

현실에 발을 딛고
환상에 머무르는 곳, 정원

○ ——————————— 늦가을, 이듬해 봄을 위해 구근을 심는다. 아니 희망을 심는다. 당장 땅 위는 아무 일 없었다는 듯 태연하지만, 미래를 위한 가능성을 심는 일, 새봄을 위해 이야기를 심어두는 일이다. 때가 되기 전까지는 땅과 나만 아는 이야기다. 몰래 꺼내보는 비밀이야기처럼 빈 땅을 앞에 두고 이듬해에 대해 생각한다. 그곳에서 벌어질 온갖 새롭고 다채로울 이야기, 그리고 찾아올 많은 것에 대하여. 나의 두 발은 현재라는 현실에 있지만, 나의 정원은 시간을 넘나들며 환상 속에 머물러 있다. 그곳에선 모든 것이 영원하다.

꿈꾸는 정원

—— 내가 처음으로 살아 있음을 인지한 것은 어린 시절 여름휴가를 떠나 이동 중인 차 안이었다. 어느 여름날의 이른 새벽녘이었다. 동이 트기 전, 새까만 밤하늘에 촘촘히 떠 있던 무수한 별을 바라본 순간, 톡 건드리면 내게로 와르르 쏟아져 내릴 것만 같던 그 하늘에, 자연의 신비에 경외감이 들었다. 온몸이 살아 있음에 전율이 이는 순간이었다. 이 아름다운 세상의 일부로 함께 숨 쉬고 있음에 순수한 행복감이 들었다. 이 기억은 아직도 생생하게 그러나 모두 새롭게 재생산되어 꿈으로, 찰나의 느낌으로, 환영처럼 이따금 만난다. 아니면 하루가 지칠 때면 내가 불러내는지도 모르겠다.

그날 이후로 나는 주변을 유심히 보는 버릇이 생겼다. 여느 아이처럼 친구들과 함께 잘 뛰어놀다가도 갑자기 하늘을 올려다보고 발아래의 꽃을 가만히 바라보았다. 짧은 순간이지만 나는 긴 이야기 속에 종종 머물렀다. 하늘빛과 구름을 보며 비슷한 모양을 상상했고, 화단의 꽃을 보며 엄지공주가 어디선가 나타나지 않을까 살펴보았다. 아파트 단지 안의 작은 화단은 내게 놀이터였고, 이야기가 만들어지는 신비의 장소였다.

자연을 유심히 관찰하던, 잊고 있던 아이를 다시 만난 건 한참 후였다. 여느 십 대가 그렇듯 길가의 풀꽃보다 친구가 더 좋았던 나는 한참을 내가 자연의 아이라는 것을 잊고 살았다. 대학 졸업 무렵 현장학습으로 간 광릉의 국립수목원에서 내 안의 아이가 다시 내게 말을 걸었다. 해가 눈부신 가을이었다. 광릉숲은 세상의 모든 빨강과 노랑으로 물들어 있었다. 참나무에 관한 이야기를 신나게 듣고 있던 그때, 어디선가 나는 달콤한 향기. 뭐에 홀린 듯 무리에서 떨어져 나와 향기가 나는 나무 아래로 갔다.

계수나무다. 시리도록 높고 파란 하늘 아래 계수나무가 홀로 서 있었다. 커다란 나무는 세상의 모든 달콤함을 붙잡고 있는 것 같다. 밝은 노랑색의 마음을 주렁주렁 매달고서. 가을이라 곧 낙엽이 질 날만 남았는데 밝은 노랑빛이 가득한 나무는 희망을 가득 안고 서 있다. 그 아래에 선 순간 절로 마음이 두둥실 떠오르는 것 같았다. 졸업 후 무엇을 할까, 아니 무엇을 잘할 수 있을까 늘 마음이 무거운 시절이었다. 그 순간 아이가 내게 말을 걸어왔다. '너는 무엇이든 될 수 있어, 네가 좋아하는 것을 해봐.' 어렴풋이 나는 알았다. 평생을 나무를 바라보고 살겠구나. 그 후로도 자연의 아름다움은 순간으로 찾아오고, 나는 마음속 아이에게 내가 본 꿈같은 장면에 관해 이야기를 전한다.

기억의 정원

────── 지난 여행에서 조금 특별한 장소에 머무를 기회가 있었다. 작은 흙집이 여러 채 모여 있고 너른 마당엔 소박하고 잘 가꾸어진 정원과 여러 동물 식구가 함께하는 시골집. 한 번도 닿지 못한 옛날 외

시리도록 높고 파란 하늘 아래 홀로 서 있는 계수나무. 가을이라 곧 낙엽이 질 날만 남았는데 세상의 모든 달콤함을 붙잡고 있는 듯 밝은 노랑빛이 가득하다.

갓집 같은 풍경이 있는 곳이다. 예전엔 아파트촌에서도 흔하게 보던 봉선화, 맨드라미, 백일홍이 그곳엔 지천이었다. 한동안 못 본 봉선화 꽃이 어찌나 반갑던지. 사실 다리 하나 건너면 할머니 댁인, 도심 한가운데서 나고 자란 내가 시골의 외가댁이 있을 리 없다. 부러운 마음에 늘 이렇지 않을까 짐작만 했을 뿐이다. 다른 이들의 추억 속에서, 이야기 속에서, 노래로 엿보던 모습들.

너른 마당엔 소박한 꽃과 나무가 자라고 내 뒤를 졸졸 쫓아다니는 강아지 사이로 갓 태어난 병아리들이 삐약거리며 나돌아다니는 곳. 할머니가 가마솥 가득 옥수수를 쪄주시고, 봄가을로 논밭에 심부름 다니기 바쁜 곳. 봄이면 뒷동산의 아카시아나무의 향기가 코를 찌르고 가을이면 고운 단풍 사이로 밤이랑 도토리를 줍는다고 하루가 바쁜 곳. 여름밤 할머니가 쳐주신 모기장 아래에서 밤하늘의 별을 보며 스르르 잠들고, 가을 아침 서늘한 냉기에 재채기하면서 일어나는 곳. 나는 가보지도 못한, 실은 있지도 않은 외갓집 마당에서 매번 신이 났다.

시골에 외가댁이 없어도 내 유년시절의 기억이 풍요로울 수 있던 건 도심 속 우리 할머니 댁 마당에서의 추억 덕분이다. 도심 속 한옥의 마당과 할머니가 키우시던 다양한 화초들, 작은 화단과 올망졸망 모여 있던 화분에서는 계절마다 다른 식물들이 피고 졌다. 특히 봉선화를 참 좋아했는데, 예뻐서였는지 아니면 손톱에 물을 들이고 싶어서였는지는 아직도 모르겠다. 그저 불그스름한 봉선화를 설레며 한없이 바라보았다. 마당에 앉아서 처마 사이로 보이는 하늘에 떠 있던 구름을 헤아리며 놀았고. 가끔은 축대에 올라가 식물이 무성한 옆집 마당을 훔쳐보았다. 나에겐 그 집 정원이 마치 비밀의 화원이라도 된 듯 모든 신비가 깃들어 있었다.

그날 마당의 꽃이 그리도 반가웠던 건 내 유년시절과 닿아 있었기 때문일 것이다. 내 유년시절을 가득 채워준 이모와 함께 하던 마당에서의 놀이들. 어린 시절 봉선화를 따다 이모가 내 손에 봉숭아물을 들여주던 기억이 아직도 생생하다. 가끔 그곳에 간다. 일곱 살 어린 아이가 되어 그리운 할머니와 젊었던 이모를 만나고 골목을 누비며 꽃을 딴다. 올해는 봉선화를 정원 한켠에 심어볼까 한다. 여름에 꽃이 피면 정원에 놀러 온 아이들과 함께 봉선화를 따야지. 우리 이모가 내게 해주었듯 재미있는 얘기를 주고받으며 열 손가락에 봉숭아 꽃물을 들여주고 싶다. 나도 그렇게 아이의 기억 속 정원을 풍요롭게 채워줘야지.

감각으로 만나는 정원

────── 한 여인이 양산을 쓰고 꽃이 만발한 정원에 있다. 따뜻하고 밝은 빛과 색이 가득한 정원에서 한가로이 산책 중이다. 잎사귀가 무성하고 꽃이 가득한 어느 초여름날이 아닐까 싶다.

대표적인 인상파 화가 오귀스트 르누아르Auguste Renoir의 작품 〈정원에서 파라솔을 든 여인Femme avec Parasol dans un Jardin〉(1875)의 그림 속 정경이다. 빛과 순간을 가볍고 따듯한 색으로 표현한 그림을 보니 절로 마음이 편안해진다. 그림 속에서 화가들의 정원을 엿본다. 정원 속 찰나의 아름다움을 담아낸 그림을 보고 있노라면 내가 정원 속 여인이 된 듯 코끝에 정원의 향기가 스치고, 다채로운 색상이 나를 둘러싸고 있는 느낌이 든다.

라디오에서 비발디의 사계 중 〈봄〉이 흘러나온다. '벌써 봄인가?' 창밖의 풍경을 가만히 더듬어본다. 속삭이듯 흘러나오는 바이올린의 선율에서 우리는 시냇물이 흐르고 꽃이 피는 봄을 만난다. 아직 창밖은 황량한데 선율에서 봄의 기운이 코끝을 간질이는 것 같다. 통통하게 부풀어 오른 목련의 꽃눈이 살짝 벌어진 것을 발견했다. 하얗고 탐스러운 목련이 곧 나무 가득 피어나겠지. 음악을 따라 나는 이미 봄의 한가운데에 있다.

정원은 언제나 그곳에 존재한다. 현실로, 그리고 나의 환상 속에서. 정원이 주는 따뜻한 감각은 그곳에서 머물며 활동할 때와 마찬가지로, 나의 상상 속에서 기억 속에서 시공간을 넘나들며 나에게 전달된다. 아이의 정원은 아이가 자라 노인이 되어서도 영원히 아이 안에 살아 숨쉰다. 정원의 모습이 어떠했는지, 얼마나 컸는지가 중요한 것이 아니다. 몰입의 순간과 감각의 양이 중요하다. 그 속에서 만나고 꿈꾸던 많은 것이 아이를 함께 키운다. 언제고 달려가 기댈 수 있는 공간에서 나를 기다린다. 삶에 지칠 때 정원 안에서 내 안의 아이를 만나면 좋겠다. 내 안의 아이는 그 작은 손으로 나를 토닥여줄 것이다. '괜찮아.'

르누아르의 〈정원에서 파라솔을 든 여인〉. 정원 속 찰나의 아름다움을 담아낸 그림을 보고 있노라면 내가 정원 속 여인이 된 듯 코끝에 정원의 향기가 스치고, 다채로운 색상이 나를 둘러싸는 느낌이 든다.

향기, 정원에서 맡는
늘 그리운 엄마 내음

○ ──────────── '초록 내음이 나요.' 푸른 잔디밭을 바라보던 사람이 말을 건넨다. 색에 향기가 있을까? 색을 바라보며 동시에 비슷한 향기를 떠올리는 유일한 색은 아마 '초록색'일 것이다. 우리는 정원의 푸른 잎을 보며, 막 깎아놓은 잔디밭을 바라보며 초록의 냄새를 맡는다. 숲을 걸을 때 나는 향기도 초록이다. 초록색을 바라볼 때와 마찬가지로 우리는 초록 향기를 맡으며 편안하고 안정감을 느낀다. 정원에서 느끼는 행복감과 안정감은 정원에 들어서는 첫 숨과 함께 우리에게 전달된다.

장미에서 느껴지는
엄마의 향기

—— 초여름의 나른한 열기가 피어오르는 정원에 장미가 한창이
다. 붉은 꽃잎이 탐스러운 덤불 장미, 연한 산호색의 작은 꽃들이 모
여 피어 있는 스프레이 장미부터 담장에 늘어지게 핀 하얀 찔레꽃까
지. 사람들의 장미에 대한 애정만큼이나 세상에는 다양한 빛과 형태
의 장미 품종이 있다. 누구나 장미를 보면 저절로 아름다움을 생각
하고, 달콤한 향기가 코끝에 스치는 듯하며 장미에 얽힌 다양한 이
야기 등을 떠올린다. 장미와 함께 떠올리는 고운 모든 것 중에서 사
랑과 어머니에 관한 것은 유독 많다.

길을 걷다 스쳐 지나가는 낯선 이의 장미향이 내게로 훅 들어온다. 장미는 많은 사람이 화장품과 향수의 원료로 선호하기에 참 친숙한 향이다. 그래도 유독 향기가 내게 남는 건, 얼마 전 꽃이 만발한 정원에서 진행한 모 브랜드의 전시회장에서 인상 깊게 맡은 향기 때문일 것이다. '미스 디올 로즈 앤 로지스Miss Dior Rose N'Roses'는 크리스챤 디올사의 향수들 가운데서도 장미향이 가장 두드러진 제품이다. 프랑스 그라스 지방의 센티폴리아 장미를 사용하여 우아하고 순수한 장미향이 마치 장미정원 한가운데 있는 듯한 느낌을 준다. 원료로 쓰이는 장미는 주로 불가리아, 이란과 터키 등지에서 나오는 디마스크 품종과 프랑스 향수의 중심지인 그라스 지역의 센티폴리아 품종으로 크게 나뉜다. 디마스크 품종이 강렬하고 관능적인 풍부한 장미향이 난다면 센티폴리아 품종은 부드럽고 달콤한 향이 난다.

여성의 고유한 아름다움을 표현하고자 한 크리스챤 디올Christian Dior, 1905~1957은 꽃과 정원을 사랑하는 디자이너였다고 한다. 특히 사랑한 꽃은 장미였고, 그의 예술적 영감의 원천은 어머니가 가꾸던 정원이었다. 프랑스 노르망디 지역 그랑빌의 빌라 레 륌Villa Les Rhumbs은 크리스챤 디올의 생가로 그가 유년시절을 보낸 곳이다. 현재 크리스챤 디올의 박물관으로 사용되며, 핑크빛 빌라와 함께 아름다운 정원에는 장미를 비롯한 다채로운 꽃이 관람객을 반긴다. 어머니가 가꾸던 꽃이 가득한 정원은 그에게 평생에 걸쳐 영향을 미쳤다. 아름답고 우아한 어머니에 대한 그리움과 애정은 그의 지속적인 디자인 영감의 원천이었다.

어린 크리스챤 디올과 그의 어머니가 함께 가꾸던 정원의 한때, 아름답고 그리운 시절을 장미향을 통해 추억하지 않았을까 생각해 본다. 장미속 Rosa Spp. 식물의 고유한 향은 다양한 구성 성분으로 이루어져 있다. 그중에 인돌 Indole, C_8H_7N 은 장미향에 특유한 깊이와 복합성을 더하는 중요한 요소다. 달콤한 향과 함께 따스하고 감각적인 향을 내는데, 이 향은 농도에 따라 달콤한 향기부터 짙은 관능적인 향을 낸다. 사실 우리는 장미의 인돌 향기가 익숙하다. 어머니의 자궁 속 양수에 있던 성분 중 하나로 누구나 어머니의 뱃속에서 온 감각기관으로 경험했기 때문이다. 그래서 장미 향기를 맡으면 무의식에 내재된 어머니를 향한 태초의 그리움과 사랑이 절로 떠오르게 된다. 아마도 우리가 장미를 향해 알 수 없는 동경과 사랑을 느끼는 이유일 것이다.

엄마의 품 냄새 같은
대지의 향기

—— 한껏 찌푸린 하늘 아래 정원에 흙냄새가 가득하다. 곧 비가 올 것이라고 친절히 알려주듯 습기를 머금은 흙냄새다. 머리 위로 비가 한두 방울씩 내리기 시작한다. 요란하던 여름비가 멈추었다. 대기를 감싸던 서늘한 기운이 모습을 드러낸 해와 함께 빠르게 물러난다. 물기를 머금은 이끼의 비릿한 풋내와 함께 젖은 땅의 향기가 올라온다.

상쾌하고 또 어쩐지 낯익은 독특한 비 냄새는 '페트리코르Petrichor'라고 한다. 고대 그리스어 '페트라Petra(바위)'와 그리스 신화 속 신들의 피 '이코르Ichor'의 합성어로 국제과학학술지인 《네이처》에 발표된 연구에서 처음으로 명명되었다.

젖은 흙의 독특한 향기를 구성하는 다양한 성분 중 주요한 물질은 유기물인 '2-메틸이소보르네올2-MIB'과 '지오스민Geosmin'이다. 그중 지오스민은 토양 내에서 유기물을 분해하는 박테리아들이 만들어낸 복잡한 분자다. 내리는 빗방울이 땅에 떨어지면 땅속에 있던 지오스민 등의 분자와 식물에서 나온 방향 물질인 테르펜Terpene이 대기 속으로 날아오른다. 이 냄새가 우리에게 풀 내음이 섞인 땅 냄새를 느끼게 한다.

땅의 냄새는 생명의 냄새다. 또 만물을 기르는 어머니인 대지의 냄새다. 우리는 유독 지오스민에 예민하게 반응한다고 한다. 그래서 아주 옅은 농도에도 금세 냄새를 인지할 수 있다. 인간 외의 동물들 또한 지오스민에 미세하게 반응한다. 사막에서 살아가는 생명체에게는 지오스민은 생명의 원천인 오아시스의 냄새다. 낙타가 멀리 떨어져 있는 오아시스를 찾아낼 수 있는 이유다. 흙 속의 수많은 미생물과 지렁이들 또한 지오스민의 냄새는 풍요로운 삶의 터전이 되어주는 곳이라는 확신의 냄새다.

안데스 지역의 원주민은 아주 오래전부터 대지를 어머니라 생각했다. 단순한 땅이 아니라 세상 만물의 근원이자 나 또한 모든 생명의 일원으로 땅 위에 함께 살아간다 여겼다. 현재도 8월이면 파차마마

Pachamama(대지의 어머니)를 위한 축제를 한다. 비단 이곳뿐만 아니라 농경이 주를 이룬 많은 문명에서 땅은 어머니이자 생의 근원으로 인식되어왔다. 대지는 생명의 근원이자, 모든 생명을 키우고 내어주는 존재다. 이 땅은 나를 세상에 존재하게 하고, 성장을 지지하며 언제나 품어주는 어머니와 같다. 그래서 비가 내린 후 땅의 냄새는 절로 어머니의 따스한 품의 향기를 연상하게 한다.

엄마의 약손,
허브 향기

—— 해가 가장 높이 뜨는 하지夏至. 한 해를 구성하는 24절기 중 하나로 양력으로 6월 21일 경이다. 태양의 기운이 가장 가득한 날로 연중 낮이 가장 길다. 하지에 수확한 허브는 약용 성분이 가장 강하다고 알려져 있다. 여름의 시작, 허브 정원의 수확으로 정원이 분주하다. 향이 강한 허브 식물은 조금만 건드려도 정원에 향이 가득하다. 스피어민트의 상쾌한 향부터 펜넬의 알싸한 향기, 한련화의 달고 매콤한 향기 등. 허브는 보통 식물의 뿌리, 잎과 줄기, 꽃, 열매 등 일부나 전체가 약용이나 식용 등으로 사용되는 초본부터 관목까지의 식물을 총칭한다. 여러 허브 식물은 향신료부터 치료제에 이르기까지 우리 생활 전반에 걸쳐 여러 용도와 형태로 활용된다.

사람들에게 허브가 무엇이냐 물으면 보통 로즈메리, 민트(박하), 라벤더 등을 떠올린다. 지중해 연안의 허브들이 많이 소개되어서 그렇다. 보통 허브를 키우기가 어렵다 토로하기도 하는데 공동주택이 주를 이루는 우리의 거주문화와 환경이 맞지 않아서다. 자생지에서는 우리나라의 쑥처럼 어디에서든 잘 자라고 번식한다. 그런 허브들을 화분에 담아 실내에서 애지중지 키우니 잘 클 리가 없다. 강한 햇살과 바람을 맞으며 허브는 자란다. 독특한 방향 성분은 자신을 지키는 특별한 무기가 되어 큰 병충해도 타지 않는다.

봄은 달큰한 쑥향으로 시작한다. 지천에 핀 쑥을 따다 만드는 쑥국, 쑥버무리, 쑥전 등 곳곳에 쑥향이 가득하다. 우리나라 산야에 흔히 피는 쑥Mugwort은 동아시아 원산으로 동서양 모두 귀하게 쓰이는 허브다. 향으로, 음식으로, 약으로 중요하게 쓰이지만 '여기저기서 쑥쑥 자란다' 해서 쑥이라는 이름을 얻었다는 이야기가 있을 정도로 장소를 가리는 법 없이 양지바른 곳 어디나 잘도 자란다. 쑥의 학명 (*Artemisia indica* Wild)이 다산과 풍요의 신 아르테미스에서 나왔듯 이 약초의 어머니란 별칭이 붙었다. 어머니의 약손처럼 여성의 다양한 질병을 달래고 치유하는 특별한 효능이 있다.

첫 아이를 기르던 젊은 엄마 시절, 외국에서 사는 친구에게서 전화가 왔다. 아이와 함께 외출하기는 쉽지 않고, 모히토를 마시고 싶어 애플민트 화분을 하나 샀는데 도통 잘 크지 않아 걱정이라며 심각한 목소리로 얘기한다. 진지함에 속으로 웃음도 나고 멀리서 고군분투할 모습이 떠올라 안쓰럽기도 하다. 깔끔한 친구 성격에 상황이 대충 짐작되어 어떻게 키우는지 물어봤더니 화분에 심어 집안에서 애지중지 키우는 중이란다. '당장 밖으로 내보내.' 너무 간단한 해답에 진짜인지 재차 묻는다. 얼마 후 민트가 너무 잘 자라 다른 식물도 도전해보기로 했다며 모히토 사진을 보내왔다. 여름날 친구네 집의 민트 향기를 함께 맡는 듯, 지금도 정원에 지천인 민트만 보면 내 친구가 생각난다. 달콤하고 시원한 민트 향기는 젊고 미숙했던 우리의 향기이고 푸른 여름의 향기다.

한여름의 정원에는 다채로운 생의 열기만큼이나 다양한 향기가 가득하다. 정원에 서서 싱그러운 풀냄새에 생의 절정을 가늠할 테고,

달콤한 라벤더 향기에 아름다움을 그려볼 것이다. 다채로운 꽃향기에 용기를 얻은 누군가는 꽃 한송이를 꺾어 마음과 함께 건넬지도 모를 일이다. 세상에 태어나 첫 숨을 내쉬며 우리는 세상과 연결된다. 그에 앞서 우리는 엄마와 연결되어 세상의 모든 향기와 만났다. 세상을 살다 맞닥뜨린 정원에서 새삼 엄마를 떠올린다. 정원에는 아름답고 풍요롭고 품어주는 엄마의 향기가 가득하다. 엄마의 품에 안기듯, 정원에 기대어 한숨을 쉬어본다. 길고 달콤한 숨이다.

한여름의 정원에는 다채로운 생의 열기만큼이나 다양한 향기가 가득하다.

다름, 시시각각으로 변하기에
내가 보는 정원은 오직 한번뿐

온실 속으로 아침 햇살이 쏟아져 들어온다. 이제 막 물주기를 끝낸 정원에서 식물들은 더 없이 생기가 넘친다. 물안개가 피어 있는 정원은 꿈속인 듯 현실감을 잃는다. 커다란 몬스테라 잎사귀 사이로 빛이 쪼개져 바닥에 그림자를 드리운다. 한참을 넋 놓고 바라본다. 문득 사진으로 남겨놓고 싶어서 카메라를 찾으러 다녀온 사이, 해는 기다려주는 법이 없고, 움직이는 해 따라 정원 속 빛과 그림자가 사라져버렸다. 내가 본 순간은 다시 오지 않을 것이다. 식물은 자라고 계절은 흐르며 내 마음 역시 시시각각 변하는 존재이니까.

정원의 빛과 색

—— 정원에는 아름다운 순간이 넘쳐난다. 이제 막 꽃차례를 올린 감둥사초(*Carex atrata* L.)가 봄바람에 가볍게 살랑거리는 기분 좋은 순간, 벚꽃이 흩날리는 화창한 봄날의 한때. 정원에 물을 주는 중, 물이 뿜어져 나오는 호수 끝 물줄기 사이로 어리는 무지개는 황홀하다. 게다가 여름철 보랏빛 등나무 터널 아래를 걷노라면 마치 이 세상이 나를 위해 존재하는 기분마저 든다. 화려한 색과 빛뿐만 아니다. 늦가을 바닥에 뒹구는 낙엽의 갈색빛조차 찬란하다. 겨울철의 무채색 사이로 거칠고 어두운 나뭇가지의 선을 바라보며, 우리는 세상의 색과 빛을 배운다.

> 나는 모든 곳에서 아름다움과 조화를 추구한다. 특히 색의 조화를 위해 노력한다.
>
> (I try for beauty and harmony everywhere, and especially for harmony of color.)
>
> – 거트루드 지킬

영국의 대표적인 정원디자이너인 거투르드 지킬^{Gertrude Jekyll, 1843~1932}은 정원을 거대한 캔버스 삼아 그 안에 그림을 그리듯이 정원을 디자인했다. 마치 인상주의 화가의 작품이 땅 위로 옮겨 온 듯한 빛과 색의 향연이다.

원래 화가로 활동하던 지킬은 시력이 나빠지자 색과 선 그리고 빛을 예민하게 표현하는 재능을 캔버스에서 땅으로 옮겼다. 정원 속 식물의 색상과 형태 그리고 질감이 세심하게 드러나도록 조성했고, 특히 계절과 시간의 흐름에 따른 정원의 변화를 섬세하게 표현했다. 그녀의 자택인 먼스테드 우드Munstead Wood(영국 서리Surrey)의 정원에는 이러한 그녀의 정원 철학이 잘 나타나 있다. 특히 수채화 용지에 물감이 자연스럽게 번지는 듯한, 색이 가득한 보더가든Border Garden(정원 속 경계를 따라 가장자리에 조성한 정원)이 아름답기로 유명하다.

정원이 보여주는 다양한 식물의 조화로움은 특별한 광경을 만들어낸다. 보드라운 질감과 밝은 은회색이 반짝이는 램스이어Lamb's Ear, 다양한 잎의 형태와 색감을 가진 호스타 뒤로 키가 크고 작은 다양한 식물이 정원에 색을 더한다. 이른 아침의 엷은 안개 속에서 델피늄(참제비고깔)의 푸른빛이 깨어난다. 한낮의 빛 사이로 에키네시아와 플록스, 네페타(개박하) 등 다양한 꽃의 색감이 강렬하다. 노란빛 루드베키아 사이로 서쪽으로 기우는 햇살이 금빛으로 감돌고, 고광나무의 하얀 꽃 뒤로 은은한 후광이 비친다. 정원의 풍경은 지루할 새가 없다. 빛과 날씨 그리고 계절에 따라, 같은 자리에서 항상 새롭게 모습을 바꾼다.

살아 있는 미술품

—— 영국의 풍경식 정원을 대표하는 조경가인 윌리엄 켄트^{William} Kent, 1685~1748는 가드닝은 풍경화를 그리는 것이라고 했다. 그림처럼 아름다운 정원인 픽처레스크 정원^{Picturesque Garden}(영국 풍경식 정원)은 예술가의 상상 속 그림을 표현한 정원이기도 하다. 정원이 만들어내는 풍경은 과연 한 폭의 그림 같다. 그림은 변함이 없이 아름답다. 하지만 정원의 풍경은 시간의 흐름에 따라 변하기에 아름다울 뿐만 아니라 매번 새로운 그림이 된다.

정원을 살아 있는 예술로 만든 사람이 있다. '수련' 시리즈로 너무나도 유명한 클로드 모네^{Claude Monet, 1840~1926}다. 해가 뜨는 순간의 빛과 색을 담은 작품 〈인상, 해돋이^{Impression, Soleil Levant}〉(1872)로 인상주의라는 예술사조를 만들고 현대미술의 시작을 열었다. 모네는 생전 화가의 삶만큼이나 지베르니 정원의 정원사로서 열정을 다했다. 파리의 북서쪽 노르망디 접경지에 있는 지베르니 정원을 직접 가꾸고 그 안에서 많은 작품을 남겼다. 우리에게 익숙한 '수련'의 작품들이 이곳에서 탄생했다.

지베르니 정원은 현재 그림 속 모습 그대로 가꿔지는 특별한 장소다. 정원에서의 순간을 그린 작품이 다양하고 '수련' 연작은 무려 250여 점이 남겨졌기에 현재에도 사람들에게 많이 회자되고 있다. 모네의 작품만큼이나 유명한 살아 있는 예술작품을 보려고 지금도 많은 사람이 지베르니 정원을 방문한다. 방문하는 모든 이들은 그림 속 정원의 모습을 헤아리고 흔적을 쫓는다. 하지만 미묘하게 모두 다른 인상일 것이다. 작은 초록색 다리도 그대로이고, 연못 속 수련과 그 주변을 둘러싼 버드나무도 여전하다. 하지만 어느 날은 해가 쨍하고, 또 다른 날은 비바람이 분다. 계절은 바뀌고 방문한 사람들의 기대도 모두 다를 것이다.

정원은 찰나로, 하루의 빛을 따라 매 계절 다르기에 모네 또한 같은 주제를 모두 다른 감성으로 그려냈을 것이다. 순간의 빛과 색채에 따른 오묘한 인상을 화폭에 담는 인상파 화가들의 작품을 통해 우리는 순간을 만난다. 모네는 정원 속 색을 모두 캔버스에 담을 수 없다고 한탄했다. 지베르니의 정원은 온갖 색과 낮고 높은 식물의 실루엣 속에서 오늘도 아름답게 빛이 난다. 나는 그곳에서, 순간을 화폭에 담기 위해 모든 감각을 예민하게 열고 정원을 지그시 들여다보는 늙은 화가의 뒷모습을 본다. 화가의 어깨 위로 오렌지빛 따스한 햇살 한 줌이 떨어지고, 늦은 오후의 한때 속으로 환영이 사그라든다.

시간이 만들어내는 예술

—— 아주 오래전 정원디자이너로 활동할 때였다. 성북동 어느 댁의 정원을 디자인하고 조성까지 하는 일을 맡게 되었는데 정원주가 무척 까다로운 분이셨다. 조경회사 몇 군데를 거쳐 나와 연이 닿았는데, 처음 뵌 순간 얼굴에 드러난 불신의 빛이 아직도 기억이 난다. 몇

차례 우여곡절 끝에 정원은 완성되었고, 나중엔 서로 믿음이 생겨 그 이후로도 몇 차례 정원을 손보게 되었다. 공사가 끝나고 반년 정도 시간이 지나 정원이 궁금해 들렀는데, 함께 발코니에 올라 정원을 보자고 제안하셨다. 그때 정원을 바라보며 그분이 하신 말이 가끔 떠오른다. "정원은 시간이 만들어내는 예술작품 같아요."

보통 쇼 가든과 상업용이 아닌 정원을 만들 때면 의도적으로 작은 나무를 심게 된다. 키 작은 나무가 아니라 어린나무 말이다. 초화류도 마찬가지다. 정원 공사가 끝나고 어린나무와 작은 초화류가 드문드문 있는 것을 보면 고개를 갸웃거리는 사람이 많다. 정말 이게 다인지 재차 묻기도 하고, 어떤 분은 화를 내기도 한다. 이해한다. 모내기하듯 뜨문뜨문 심긴 풀들, 아직은 엉성하고 빈약한 나뭇가지들을 보고 있으면 나도 심란할 때가 있으니까.

'다음 달, 다음 계절, 이듬해 그리고 몇 년 후라도 편안하고 아름다우면 좋겠습니다.' '이제 시간과 함께 만들어가면 됩니다.' '정원은 완성형이 아니라 진행형입니다.' 보통 이렇게 설명한다. 그러곤 한번 상상해보자고 권유한다. 나무와 풀꽃들의 사진을 계절별로 준비해서 보여주기도 한다. 다 큰 나무의 크기를 가늠할 수 있게 치수를 함께 넣어주기도 하고. 그러면 보통 고개를 끄덕이신다.

물론 풍성한 정원이 아름답다. '돈 쓴 보람'이 있다고도 하지 않는가. 많은 자원을 넣은 정원이 완성되었을 때 번듯하면 더 보기 좋은 것도 사실이다. 하지만 처음부터 보기 좋자고 큰 식물을 심으면 공사비도 올라가고, 활착하는 데도 힘이 든다. 무엇보다도 다음 계절에는 정원의 크기를 넘어 무성해진 식물들을 보고 깜짝 놀라게 된다. 생각보다 빠른 시간 내에 애써 심은 식물들을 솎아내야 하는 지경에 이른다. 어린 식물을 키우면 시간의 흐름에 따라 성장하는 모습을 바라볼 수 있다. 시간이 시시각각 만들어내는 단 한번뿐인 순간을 오롯이 즐길 수 있게 된다. 나의 가장 인상 깊은 고객이자, 처음으로 다음 계절을 위해 어린 식물을 심자던 제안을 흔쾌히 허락해주신 분, 매 계절따라 변하고 또 성장하는 정원의 모습을 애정 어린 시선으로 바라보시던 모습이 눈에 선하다.

햇살이 만들어내는 정원의 빛과 색.

맛, 땅이 내어주는
재치 있는 인사

겨울의 문턱, 조금 이른 첫눈이 내린다. 첫눈치고는 제법 눈이 쌓인다. 며칠 전 약속한 손님이 오시기로 해서, 걱정스럽게 눈이 내리는 하늘을 쳐다본다. 눈이 오는 험한 날씨라 약속을 미뤄도 괜찮을 텐데 손님은 웃으며 들어오신다. 고마운 마음에 정성껏 차를 내린다. 지난여름에 정원에서 기르고 수확한 허브로 만든 차다. "푸른 정원이 건네는 맛이네요." 눈이 덮인 정원을 바라보며 말씀하신다. 지난여름이 담긴 차 한잔이 이내 마음까지 따뜻하게 데워준다. 눈 내리는 겨울정원 위로 풍요로운 여름정원의 초록빛을 상기시켜주는 차 한잔이다.

정원이 건네는 맛

—— 정원을 처음 시작하던 해, 채울 곳은 곳곳이고 손은 하나이니 고민하다 허브를 조금 심었다. 민트 몇 종류, 레몬밤, 바질, 로즈메리, 라벤더, 펜넬, 고수, 한련화, 캐모마일, 차이브 등. 모두 대중에게 친숙하고 그만큼 생활에 쓰임도 많은 것들이다. 게다가 양지바른 자리와 바람만 있다면 큰 노력 없이도 풍부한 수확을 내어준다. 돌봄에 비해 넘치게 내어주는 것에 어쩐지 미안할 지경이다. 허브는 정원을 채우는 장식적인 아름다움도 훌륭하고 수확물로 다양한 활용이 가능하여 정원생활의 소소한 즐거움을 주는 훌륭한 식물이다.

대부분의 허브는 일단 자리를 잡으면 놀라운 성장세를 보여준다. 특히 민트 옆에서는 잡초도 기가 죽을 지경이다. 그 말은 민트 종류를 정원에 잘못 들였다가는 다른 식물은 기를 못 쓰고 이내 민트가 정원을 다 뒤덮어버린다는 얘기다. 위로만 자라는 것이 아니라 땅으로 기는줄기(포복경 Runner)를 낸 순식간에 가족을 늘린다. 그래서 꼭 화분이나 플랜터에 식재하는 데도 종종 플랜터 너머 팔을 뻗어 순식간에 뿌리를 낸다.

애플민트, 스피어민트, 페퍼민트, 초코민트, 박하, 거기에 레몬밤까지 민트 친구들을 위한 플랜터다. 밖으로 손을 뻗지 않도록 잘 감시하면 별다른 병충해 없이 잘도 자란다. 같은 민트인데 맛이 모두 다르다. 민트의 상쾌한 베이스에 달콤한 사과향이 얹어져 단맛이 강하다. 이건 애플민트다. 혀가 아리게 강한 맛이 느껴지는 것은 멘톨 함량이 높은 페퍼민트다. 부드럽고 상쾌한 맛과 향이 나는 것은 스피어민트다. 한낮, 허브 향이 가장 강한 시간 정원의 허브 잎을 따 향을 맡고 맛을 본다. 입안의 미각이 섬세하게 살아나는 시간이다.

그 옆으로 루꼴라, 바질, 고수, 펜넬, 로즈메리 등을 심는다. 샐러드와 향미채로 활용이 높은 것들이다. "이 꽃은 뭔가요?" 정원에 만발한 꽃을 보고 지나가던 분이 묻는다. 가리키는 곳을 보니 하얀 레이스 같은 고수꽃과 작고 노란 우산을 펼친 듯한 브론즈 펜넬꽃이 어우러져 피었다. "세상에, 고수 엄청 좋아하는데 고수도 꽃이 피는군요? 꿈결 같네요. 꽃이 이렇게 예쁜 줄 몰랐어요." 감탄을 마지않는다. 이렇듯 꽃이 피고 열매를 맺는 당연한 식물의 생장이, 눈으로 보면 참 신기한 일이 된다. 나 또한 그렇다. 마트에서 보는, 또 책에서만 배우던 단편적인 식물의 모습이 익숙한 우리다. 식물의 모든 성장 단계를 마주쳤을 때 새삼스럽게 느끼는 경이감, 새삼 내 식탁을 채우는 음식이 달리 보이는 순간이다.

땅이 내어주는 맛

—— 한겨울, 푸름이 못 견디게 그리울 때 제주행 비행기에 몸을 싣는다. 서울에서 한 시간 남짓이면 완전 다른 풍광이 펼쳐진다. 마르고 거친 서울과는 확연히 다른 생기가 있는 겨울의 모습이다. 곳곳이 아름답고 볼거리가 풍부한 곳이지만 내가 가장 보고 싶은 건 소소한

제주의 모습. 까만 현무암 무더기가 담을 이루고 엉성한 까만 돌 사이로 보이는 푸른빛이 넘실대는 양배추밭이다. 볼 때마다 세상에서 가장 아름다운 밭이 아닐까 생각한다.

느릿느릿 걷다 보니 당근밭에 주황빛 당근이 고개를 쏘옥 내밀고 있다. 땅에선 자랄 만큼 자랐으니 세상 구경 좀 하고 싶다는 듯. 생당근을 그다지 좋아하지 않는 나라도 먹어보지 않곤 못 배길 광경이다. 하늘하늘한 초록빛 당근 잎 아래로 점점이 보이는 주황빛, 생기 있는 색의 대비가 아름다운 당근밭이다. 넋을 놓고 쳐다보니 밭 주인 할머니가 나오셔서 뭐가 볼 게 있다고 한참을 그러고 있냐며 핀잔을 주신다. 퉁명스런 핀잔과는 달리 당근 머리를 잡곤 쑥 뽑아 대충 흙을 털어 내게 건네주신다.

숙소로 돌아와 할머니가 주신 당근과 낮에 장에서 산 양배추를 씻는다. 저녁상에 곁들임 채소로 썰어서 얹어둔다. 길게 썬 당근을 깨문다. 입안에 가득 퍼지는 당근 맛. 아삭아삭하고 달고 향긋한 맛이다. 갓 수확한 당근은 마치 달콤한 무라도 된 듯 달고 즙이 한가득이다. 달큰한 당근향 아래로 묵직한 흙 맛이 느껴진다. 깨끗이 씻었는데 흙이 남아 있을 리가 없다. '이게 무슨 맛이더라?' 곰곰이 생각해보니 땅의 맛인가 싶다.

땅속에서 나고 자라는 채소들은 어쩐지 태양을 마주 보며 자란 식물과는 다른 맛이 나는 것 같다. 한겨울에 먹는 달고 아삭한 무의 맛, 한여름 태양의 열기 안에 자라는 담백하고 아릿한 감자와 달큰한 고구마의 맛까지, 계절마다 종류마다 각기 개성 있는 맛을 지니고 있으나 모두 맛을 관통하는 땅의 향기가 있다. 땅 위의 것들이 내는 섬세하고 싱그러운 맛은 없지만 묵직하고 달큰한 맛. 땅이 품고 내어 놓은, 땅을 닮은 맛이다.

해가 담긴 맛

—— 한겨울 아이가 수박을 사달라 보챈다. "수박은 여름 과일인 걸? 여름에 사 줄게"라는 내 대답에 아이는 답한다. "그런 게 어디 있어, 마트에서 봤단 말이야." 맞는 말이다. 비싸서 그렇지 과일은 계절을 가리지 않고 구할 수 있는 상품이 되어버렸다. 사철 딸기와 귤을 먹고 자란 우리 아이들에겐 과일의 제철을 묻는 건 대답하기 참 어려운 일이다. 하지만 무더운 여름날, 작은 텃밭에서 키워낸 수박의 맛을 보면 안다. 뜨거운 햇살이 담긴 맛, 그저 달기만 한 것이 아니라 아삭거리고 달콤하고 향기롭고, 혓바닥 위에서 자잘히 부서지는 촉감까지, 섬세한 자연의 맛이다. 계절이 내어준 살아 있는 생명의 맛이다.

이듬해 아이를 위해 작은 정원에 토마토, 수박, 딸기 등을 심었다. 도무지 열매를 맺을 것 같지 않은 작은 모종 몇 가지다. 저 작은 새싹에 담긴 놀라운 힘을 배워 알고 있는 나조차도 과연 먹을 수 있는 열매가 열릴까 싶다. 아이는 새싹을 보고 금세 이름을 지어 다정히 부른다. '방울아~ 내가 매일 예뻐해줄게, 쑥쑥 자라렴!' 예상대로 정원 속 친구들은 무섭게 키를 키우고 덩치를 늘린다.

처음으로 반가운 얼굴을 내민 것은 딸기다. 잎사귀를 열심히 내더니 금세 꽃자루를 내고 하얀 꽃이 피었다. 향긋한 열매만큼이나 예쁜 꽃이다. 하얀 꽃 사이로 벌들이 요란하게 날아다닌다. 이내 꽃자루 맨 끝부분인 꽃턱이 부풀어 오른다. 초록색이 밝은 연둣빛이 되고 이내 붉은 빛으로 물들기 시작한다. 아이는 이 모든 부분이 믿기지 않는다는 표정이다. 드디어 딸기가 빨갛게 익었다. 땅에서 자란 찌그러지고 못생긴 딸기다. 보통 하우스에서 재배하는 예쁜 딸기가 아니라서 아이가 당황해한다. 먹어도 되는지 고민하는 아이의 입에 딸기 하나를 쏙 넣어준다. 달고 새콤한 맛. 아이의 눈이 똥그래지고 얼굴에 함박웃음이 진다.

한여름 정원의 방울토마토가 빨갛게 익어간다. 자연과 나누어 먹을 요량으로 약을 치지 않았는데도 동글동글 예쁘다. 제일 빨간 열매를 따서 물에 가볍게 헹구어 한입 깨문다. 달콤한 즙이 입안에서 가득 터진다. 여름의 맛이고 태양의 맛이다. 빨간 햇빛이 입안에 가득 퍼지는 것 같다. 짭조름하고 달콤한 맛에 입이 아릴 지경이다. 동네 아이들을 불러 토마토를 하나씩 따보게 한다. 주렁주렁 매달린 토마토에 아이들의 눈이 휘둥그래진다. 따서 입에 쏙 넣는 재미에 빠진 아이들을 만족시키기엔 토마토가 너무 적어 아쉽다.

여름 끝, 드디어 수박이 새파랗게 익어간다. 처음 조그마한 수박이 매달렸을 때도 수박은 제법 수박 티를 낸다. 둥그런 초록빛 열매에 연한 줄무늬까지, 아이는 그저 신기해서 보고 또 본다. 수박이 달

걀만 해지고 참외만 해진다. 점점 더 커진 수박은 이제 아이 머리통만 하다. 점점 초록색도 까만 줄무늬도 선명해지는 수박. 아이의 애가 탄다. 채 못 기다린 아이가 수박을 가른다. 앗, 안은 아직 연한 핑크빛이다. 기다림만큼이나 속상한 아이의 눈가가 촉촉하다. 그래도 몇 개 더 남았으니까 하며 아이를 달랜다. 비록 수박을 못 먹었지만 아이는 배웠을 것이다. 수박은 자연이 내어주는 것임을. 뚝딱하고 공장에서 만들어지는 것이 아니라, 자연의 속도에 맞추어 자라고 익어, 때에 이르러야 맛볼 수 있는 귀한 생명인 것을.

딸기, 수박, 토마토가 전해주는 정원의 맛. 도무지 열매를 맺을 것 같지 않은 작은 모종에서
무섭게 키를 키우고 덩치를 늘리며 쑥쑥 자란다.

소리, 정원이 들려주는
생명의 소리에 귀를 기울이면

○ ─────────── 이른 새벽, 이제 막 떠오르는 태양 속에서 정원이 슬며시 깨어난다. 아직은 잠잠한 도시의 아침, 사방이 고요하다. 소리가 없다는 건 이런 것일까? 도시의 소음 속에 사는 내게 이 정적은 참 낯설다. 잠시 숨을 죽이자 이내 정원 속 소리가 살아난다. 미세하게 울리는 생명의 소리다. 바람이 나뭇가지에 스치는 소리, 조용히 부스럭거리는 소리, 풀들이 서로 스치며 내는 소리. 정원이 들려주는 낮고 맑은소리에 귀를 기울여본다.

정원의 소리에
귀를 기울이면

—— "잠깐, 저건 무슨 소리지?" 갑자기 일순간 조용해진다. 한창 떠들던 아이들이 입을 다문 채 귀를 곤두세우고 정원이 내는 소리에 집중한다. 아이들의 주의력을 되돌리기 위해 건넨 질문에 아이들은 용케도 정원 속 소리들을 찾아낸다. "참새가 친구를 불러요. 분명 들었어요." "꿀벌이 꿀을 모으는 소리요." "저건 꽃이 피는 소리예요." "바람이 소리를 내요." "나무가 물을 마시는 소리가 나요." 진지한 목소리에 나도 모르게 아이들을 따라 귀를 기울여본다.

아이들과 함께하는 모든 순간은 참으로 경이롭다. 어쩌면 아이들은 어른들보다 더 밝은 눈을 가졌을지도 모른다. 모습을 넘어 진짜를 보는 눈이다. 우리가 자라면서 스스로 닫아버린 그것. 아이들의 말대로 소리를 더듬어보면 정말로 나무가 물을 꼴깍꼴깍 마시는 소리가 나고, 바람이 휘파람을 분다. 눈을 감고 귀를 기울이면 점점 더 많은 소리가 들린다. 마치 밤하늘을 가만히 쳐다보고 있노라면 눈앞에 별이 하나씩 떠오르는 것처럼.

정원에 물을 주는 순간은 행복하다. 물에 젖은 잎사귀들과 함께 정원에는 순간 생기가 돈다. 무엇보다 식물들이 물을 먹는 소리를 듣는 순간은 말로 표현할 수 없는 즐거움을 준다. '살아 있음'의 순간이다. 나에게 의지하는 식물이 다시 나를 살리는 순간이다. 생기가 도는 식물들 곁에는 어김없이 다른 생명이 찾아든다. 새가 날아들고,

꽃 사이엔 연신 벌과 나비가 날아다닌다. 땅 위에는 수많은 곤충이 바쁘게 오간다. 무엇보다 그 생기와 더불어 정원에는 온갖 즐거운 소리가 넘쳐난다.

"마음이 가라앉을 땐 그저 홀로 정원에 나가 물을 주세요." 일상에 지친 이를 위한 나만의 특급 '정원처방'이다. "물을 주면서, 식물이 물을 먹는 소리를 들어보시겠어요?" 하고 권하면 처음에는 다들 무슨 소린가 싶어 갸웃한다. 조용히 물을 주고 있으면 물을 머금은 땅이, 식물이 보글보글, 뽁뽁, 사그락사그락 소리를 낸다. 이 신비한 교감을 체험한 후 나는 생기가 고프면 나의 식물들을 찾아 그저 물을 준다. "진짜 정원에서 소리가 나더라고요." 오랜만에 놀러 온 이가 웃으며 식물과 함께한 그 순간에 대해 이야기하고, 나는 안다는 듯 슬그머니 웃는다.

정원에 소리를 담다

—— 살아 있는 공간이 되려면 살아 있는 것들이 가득 찬 공간이어야 한다. 그림처럼 아름다운 정원은 있어도, 그림처럼 그대로인 정원은 없다. 살아 있는 것들이 나타났다 사라지며, 삶이 내는 소리가 생겨났다 이내 없어진다. 정원에 생기를 더하는 좋은 방법 중 하나는 소리를 담아내는 것이다. 그중 가장 역동적인 소리를 만들어내는 것은 수공간이다. 잔잔한 작은 수반, 연못, 분수와 폭포 등 물이 있는

공간은 그 자체로도 많은 소리를 만들어낸다. 그리고 생명의 원천답게 다양한 생물을 불러 모은다.

정원에 작은 수반을 둔다. 그늘을 위해 만든 작은 정자의 처마 끝이라면 더욱 좋다. 비가 오는 날이면 처마 끝에서 떨어지는 빗방울이 수반에 크고 작은 동심원들을 만든다. '톡, 토독, 톡' 처마 아래 앉아 비의 울림을 듣는다. 비가 막 내리기 시작한 순간부터 비가 쏟아지는 시간, 비가 그치고 어쩌다 떨어지는 빗방울 소리까지. 다채로운 빗방울이 만들어내는 선율에 귀를 기울인다. 비가 오지 않는 날에는 잔잔한 수면 위로 바람이 만드는 너울을 듣는다.

낮은 수반 위로 작은 새 몇 마리가 와서 연신 찰방거린다. 고요하던 정원이 순간 즐겁게 깨어난다. 가만히 듣다 새가 날아간 후 수반 옆에 쪼그려 앉는다. 새를 따라 나도 손으로 물을 찰랑거리고 한참이나 논다. 다시 아이라도 된 듯, 물 위를 세게 내리쳤다 휘저었다 살짝살짝 건드려가며 정원 안에 음악을 만든다. 이내 신이 난 나는 자갈 위에서 달그락 소리를 내고, 잔디 위를 걸으며 발밑에서 느껴지는 부드러운 부스럭거림에 귀를 기울여본다.

새를 위한 작은 집을 곳곳에 매달아둔다. 근처에는 씨앗으로 만든 작은 리스를 걸어준다. 새를 위한 작은 수고는 이내 큰 즐거움으로 돌아온다. 정원에는 매일 새의 노랫소리가 가득하다. 작은 곤충들을 위해서는 밀원식물이 되어줄 좀목형, 꿀풀 등을 심어준다. 꿀벌이며 나비, 등에, 딱정벌레 등 셀 수도 없이 많은 곤충의 날갯짓 소리가 정원에 가득하다. 행복한 그들의 정원을 엿들으며 나도 절로 즐거워진다.

전주 소소원(昭蘇園, 밝게 소생하는 정원). 전주정원산업박람회에 필자가 초청작가로 참여해 조성한 정원이다. 이듬해 봄, 한 사람이 반려견과 함께 처마 아래에서 한참을 머물고 있다.

울림이 있는
정원의 소리

—— 정원박람회가 열리는 도시의 공원 속이
다. 정원을 관람하는 사람들의 들뜬 목소리와
행사장의 노랫소리로 사방이 어수선하다. 해
설사가 정원의 이야기를 한껏 목소리를 높여
설명한다. 정원에 깃든 작가의 의도에 대해, 정
원 속 사물들의 의미와 형상에 대해 작은 디
테일 하나 놓치지 않는다. 정원의 바람, 그리고
소리를 보라 한다. 소리를 '본다'라는 말이 참
낯설다. 하지만 그 말이 주는 여운이 남아 그
후로도 가끔 곱씹어보게 되었다.

행사가 끝나고 이듬해 봄, 다시 정원을 찾았
다. 차분해진 정원을 바라본다. 산책길인 듯한
아저씨가 반려견과 함께 정원에 들어온다. 처
마 아래 벤치에 앉는다. 개의 어깨에 손을 얹
고 정원을 한참이나 응시한다. 처마 끝에 달아
둔 풍경에서 맑은 벨소리가 울린다. 미동도 않
고 그저 가만히 정원을 바라보는 둘이다. 대체
무엇을 보는 것일까 궁금함이 든다. 바람일까,
정원일까, 세월일까. 아니면 그 너머였나. 그들

의 순간을 헤아릴 길은 없지만 나는 그저 풍경소리와 함께 정원 속 그들의 순간을 지켜볼 뿐이다.

그 둘이 떠나고 다시 혼자가 되었다. 그늘진 처마 아래에 있던 나를 청량한 바람이 감싼다. 오월의 미풍은 벨을 울리고, 어린 나뭇잎을 흔들고, 물 위에 작은 파동을 일으킨다. 정원 속 작은 소동을 바라보고 있자니 주변의 소요가 가라앉고 나만의 침묵 속에 잠긴다. 일순간 나는 깊은 산을 바라보는 사찰의 마루 끝에 앉아 있다. 아니다, 이곳은 이끼가 낀 돌이 가득한 어느 정원의 곁이다. 그렇게 나는 한참이나 현실과 환상 속의 경계를 넘나들며 정원을 헤매었다. 바람을 따라 자유롭게 정원 곳곳을 노닐던 어느 오후였다.

바람은 정원의 연주자다. 매일의 날씨 따라 변화무쌍한 소리를 만들어낸다. 그러곤 그 소리를 통해 무수히 많은 정원을 만나게 한다. 소리를 통해 보는 정원은 매번 새로운 풍광으로 나를 이끌고, 섬세한 감정으로 나에게 닿는다. 자연에 귀를 기울이면 그 안의 모든 소리가 울림이 되어 나에게 온다. 어느 날은 느릿느릿 잔잔하게, 안단테다. 이튿날은 비바체, 생동감이 넘쳐 어지러울 지경이다. 그러곤 다시 모데라토, 평온을 찾는다. 소리를 쫓으며 나도 덩달아 느긋해졌다, 발랄해졌다 다양한 감정에 나를 담는다.

정원이 들려주는 다양한 소리에 집중하는 순간, 평온이 스민다. 다사다난한 일상을 잠재우는 소리고, 나를 다독거리는 소리다. 맑게 깨어나 이내 잠잠히 사라지는 다양한 소리, 삶의 시름을 정원의 소리에 실어 흘려보낸다. 정원의 소리에 집중하는 순간은 생에 집중하는 순간이다. 나의 삶 그리고 정원에 살아 숨 쉬는 모든 것에 대하여. 보이지 않고 만져지지 않지만 늘 우리 곁에 있던 하늘, 바람, 땅, 꿈, 삶 같은 것들의 이야기에 귀를 기울이는 순간이다.

연결,
함께하는 정원 속 작은 손

○ ─────────── 정원은 이 땅의 모든 삶과 시간에 관한 이야기다. 이 둘
이 만들어내는 유일무이한 한 편의 대서사시다. 어떠한 삶도 같을
수는 없기에 작은 정원 안에 참으로 무수한 이야기가 깃든다. 흥미
로운 것은 모든 이야기가 연결되어 있다는 점이다. 우리네 삶이 그
렇듯. 정원 속 어느 부분을 떼어내어도 독립적인 곳은 없다. 큰 나
무부터 땅 위를 덮은 이끼들까지, 새와 다람쥐부터 땅속의 눈에 보
이지 않은 수많은 미생물까지도. 모두 연결되어, 자기만이 가지고
있는 뛰어난 역량을 바탕으로 내 몫을 해내고 있다.

그들이 사는 세상

────── 정원 속 모든 생물은 자신만의 뛰어난 능력과 고유한 역할이 있다. 이를 생태학에서는 니치Niche(생태적 지위)라고 한다. 이는 단순한 서식지 내의 공간만이 아니라 환경과의 상호작용까지 포함한 의미다. 정원을 관찰하노라면 '식물과 모든 생물은 생존하기 위해 치열하게 경쟁한다'라는 나의 앎이 너무 편협한 것은 아닐까 하는 생각이 든다. 오히려 기가 막히게 자신만의 역할을 다하며 공존하는 모습을 곳곳에서 본다.

새들이 산사나무 가지에 앉아 있다. 키 큰 나무그늘 아래 가막살나무엔 흰 꽃이 한창이다. 가을이면 빨간 열매가 맺혀 새들에게 귀한 먹이가 되어줄 것이다. 키 작은 나무 옆 노루오줌, 수레국화, 솔체꽃의 만개한 꽃들 사이로 벌들이 부지런히 날아다닌다. 꽃들 아래엔 백리향이 땅을 덮어 지키고 있다. 고요한 땅 아래도 바쁠 것이다. 지렁이와 땅강아지는 잠든 씨앗들 사이로 부지런히 움직이며 토양을 부드럽고 풍부하게 한다. 모든 것이 조화롭고 건강한 정원의 모습이다.

정원사 친구들

────── 정원을 가꾸다 보면, 이 정원 안에 보이지 않은 다른 손이 나를 돕는 듯한 느낌이 들 때가 있다. 내가 미처 손을 대지 못한 곳에

뜻밖의 식물이 쑤욱 자라 있고, 심지어 건강하고 아름답다. 지난봄 심어 꽃을 즐긴 수선화가 이듬해 두 배로 몸집을 불려 노란 꽃망울을 곳곳에서 내밀 때 고개를 갸웃하게 된다. 척박했던 곳이 해를 거듭할수록 다양한 식물로 풍요롭다. 자고 일어나면 키를 키우고, 꽃을 피우고, 열매를 맺는 정원의 마법 같은 순간을 목격하게 된다.

사실 모든 것은 나의 정원사 친구들 덕분이다. 부지런하게 식물을 오가며 꽃가루를 날라다 주는 벌과 나비, 그보다 더 멀리서 씨앗을 가져다준 새들, 그리고 땅 위를 오가며 부지런히 양분을 모아대는 곤충이 있었다. 특히 꿀벌의 활약은 대단해서 이른 봄부터 늦가을까지, 하루종일 쉴 새 없는 날갯짓 소리에 귀가 얼얼할 지경이다. 꿀벌이 없으면 과연 정원에 열매와 씨앗이 생길까 싶다.

지난여름, 휴가차 방문한 유럽 한 도시의 호텔 앞에 작은 정원이 조성되어 있었다. 정원을 자세히 들여다보니 곳곳에 꿀벌을 위한 꿀벌호텔이 있다. 그러고 보니 여기저기에 새와 곤충을 위해 조성한 작은 새집이며 곤충을 위한 아기자기한 서식 공간들이 보인다. 대도시에서 느껴지는 자연의 여유로움과 꽃의 풍요로움이 갑자기 납득되는 순간이다. 작은 정원사들을 위한 배려에 감탄하고, 함께 정원을 가꾸는 지혜에 동감했다.

나의 정원 속, 척박해서 도무지 아무것도 자랄 것 같지 않던 곳에 골담초며 밥티시아를 심었다. 이들은 기대보다 더욱 토양을 비옥하게 해주었고, 이듬해에는 정원에서 가장 다채롭고 풍부한 꽃이 피는 곳이 되었다. 이런 콩과식물을 질소고정 식물이라 하는데, 질소^N, 칼

륨^K, 인^{P}은 식물을 키우는 중요한 비료성분이다. 질소고정 식물은 대기 중의 질소를 토양 내에 고정하여 토양을 비옥하게 한다. 게다가 뿌리를 깊게 뻗어 토양의 구조를 개선한다. 공기와 물이 잘 침투할 수 있게 된 토양은 다른 식물의 생육에도 큰 도움이 된다. 척박지에서도 잘 자라주어 많은 꽃을 피우고 곤충들을 불러 모은 나의 밥티시아. 꿀벌과 더불어 나의 가장 믿음직한 정원사 친구 중 하나다.

정원은 작은 우주와 같다. 모두가 자신만의 역할을 가지고 땅 아래부터 위까지 거대한 연결망을 이루고 있다. 미물이라 불리는 것들이 모여 균형과 순환을 이룬다. 변화하는 환경에 맞추어 적응하고 새롭게 생태적 지위를 만들어간다. 모두가 주인공인 한 편의 성장드라마다. 나도 정원 속 순리를 따라 돌봄이라는 역할을 하는 하나의 구성원일 뿐이다. 실수를 하고, 무수한 후회와 실패를 딛고 작은 성공에 기뻐하며 이 정원에서 나도 함께 성장 중이다.

가든 타임

곤충호텔과 새집. 작은 정원 곳곳에 새와 곤충을 위해 아기자기한 공간을 만들어보자.

사유하는 정원,
성장하는 영혼

○ —————————— 정원과 철학은 닮았다. 그래서 철학자들이 정원 안에
서 사유했는지도 모르겠다. 혼돈 속에서 조화로움을 찾아내는 것.
정원가와 철학자가 매일 궁리하는 것이다. 정원가는 변화무쌍한
외부의 개입 속에서 나만의 원칙으로 정원을 가꾼다. 관찰하고 실
험하며 몸으로 익힌 것들이다. 정원가는 주어진 환경과 정원의 생
명들 사이에서 외줄을 타며 균형을 맞추어나가는 사람이다. 모든
철학자가 정원가가 아닐지언정, 매일 삶에 대한 궁리를 멈추지 않
는 정원가는 모두 철학자다.

무용한 것들의
아름다움

── 꽃샘추위가 기승을 부리던 3월의 첫날, 정원을 주제로 한 전
시를 관람했다. 도시 개발 과정에서 없어질 위기에 처한 꽃나무들의
가지를 모아 연출한 전시였다. 흩날리는 진눈깨비 사이를 지나 도달
한 커다란 나무문 뒤에는 다른 세상이 기다리고 있었다. 굵은 가지
에 만발한 자목련이 자신의 처지를 암시하듯 반은 만개하고 또 반은
꽃잎이 떨어져 바닥에 그대로 흩어져 있다. 벚나무, 진달래, 매실나
무, 살구나무, 생강나무……. 가장 아름다운 모습으로 화사하게 만개
할 꽃을 지닌 나무들의 부러진 가지들이 아직은 회색빛인 세상에 봄
의 작은 조각들을 모아 곧 봄이 올 것임을 알리는 듯하다.

가지마다 자신의 이야기들이 작은 메모지에 담겨 매달려 있다. 이
름과 특성 그리고 떠나온 곳의 이야기까지. 하나씩 손으로 써 내려
간 메시지를 정성껏 읽는다. 어린이 공원을 만들기 위해 잘려 나간
나무에서 온 가지의 이야기가 참 서럽고 애처롭다. 잘려 나간 가지들
이 피운 무용한 아름다움에 대해 누군가는 기억하고 있다면 나무에
겐 위로가 되려나? 어쩌면 우리 정원가는 무용한 것들의 아름다움
을 찾는 사람이 아닐까 생각해본다.

세상사가 그렇듯, 누군가는 파괴하고 누군가는 또 그 파편들을 모
아 다시금 생을 불어넣는다. 그 사이 정원가가 있다. 생과 사, 밝음과
어두움이 함께 있는 우주의 이치를 가장 먼저 알아채는 사람. 탄생에

서 소멸까지 변하는 매 순간을 기억하는 목격자이고, 그 안의 가치를 기어코 찾아내는 사람이다.

문득 며칠 전 아파트 단지 안 가지치기를 하는 인부들 곁에서 한마디 하시던 어르신이 생각난다. "꽃이나 보고, 잎이나 조금 피거들랑 가지치기를 하지. 뭐가 그리 급하시오? 얘네들은 겨우내 꽃필 생각에 설렜을 텐데 사람들이 너무하오." 그렇다. 웃자란 가지, 곁으로 난 가지, 안으로 난 가지 등 나무의 건강한 생장을 위해 제거해주는 가지들도 꽃을, 새싹을 품고 있다. 그걸 알기에 정원가의 가위는 가지 앞에서 한참을 망설이고, 잘려 나간 가지는 집안의 화병에 꽂혀 있는 것일 게다.

이른 봄꽃은 지난해부터 준비하던 나무의 꿈이다. 채 펴보지 못하고 사라져갔을 것들의 아름다움을 모아 우리에게 전하고자 한 작가의 메시지가 뭉클하게 다가온다. 잘린 나무에서 핀 꽃이 열매를 맺을 리 만무하다. 아무도 기대하지 않는 것들이 만들어내는 '무용하게 아름다운 과정'이 눈앞에 있다. 연분홍빛으로 통통하게 부풀어 오른 복숭아의 꽃눈에서, 수줍게 막 벌어지는 찰나의 꽃을 보며 나무가 전하는 이야기에 귀를 기울인다. 그럼에도 삶은 아름답다고.

사유하는 정원,
성장하는 영혼

──── 네모난 연못 한가운데 둥근 섬이 떠 있다. 섬 위의 굽은 소나무가 달빛에 연못에 깊은 그림자를 드리운다. 연못가 정자에 한가로이 한참을 앉아 이곳에 스쳐 갔을 많은 생각을 더듬어본다. 방지원 도方地圓島는 '하늘은 둥글고 땅은 네모나다'라는 성리학과 음양오행사상을 기반으로 하여 조성된 동양의 정원기법이다. 경복궁의 향원정, 창덕궁의 부용지, 논산 윤증고택, 병산서원의 광영지 등 조선시대에 조성된 정원과 국립세종수목원의 한국정원 등지에서 찾을 수 있다.

사각의 연못이 의미하는 땅과 둥근 섬이 가리키는 하늘 사이, 인간이 서 있다. 사람의 마음이 모두 다르듯 공간에서의 생각도, 배움도, 느낌도 모두 다를 것이다. 다만 세상을 향한 은유가 가득한 그곳에서 누구나 세상 속의 나를 저절로 떠올리게 된다. '주어진 삶을 어떻게 살까'라는 물음을 끝없이 던지고, 스스로 답을 구하여 건넨다. 나 또한 연못을 바라보며 사람과 땅 사이, 그리고 사람 사이의 조화와 균형을 생각해본다.

고대 아테네의 리케이온Lykeion. 아리스토텔레스가 제자들과 함께 정원을 천천히 걷고 대화하며 사유한다. 이들은 정원이라는 살아 있는 교과서 안에서 관찰과 경험 중심을 통하여 형이상학, 자연과학, 윤리학, 논리학 등을 연구하고 확장했다. 사람들은 이들을 산책하는 철학자, 곧 소요학파逍遙學派, Peripatetic School 라 했다. 18세기 프랑스의 어느 숲길을 걷던 장 자크 루소Jean-Jacques Rousseau, 1712~1778는 자연의 이치에 가까운 삶의 중요성을 강조하며 '자연으로 돌아가라'라는 메시지를 우리에게 던진다. 그 밖에도 많은 철학자와 예술가에게 정원은 물리적인 공간을 넘어 존재와 본질을 깊이 사유하는 살아 있는 공간이었다.

서양의 정원이 시각적으로 드러내는 서사를 담는다면, 동양의 정원은 자연에 깃든 이야기를 은유로 담아낸다. 정원의 표현방식이 어떻든 간에 동서양을 넘어, 우리는 정원을 거닐면서 사유와 성찰을 한다. 정원의 모든 것에 담긴 상징적인 의미를 깊게 관찰하며 자연과 교감을 한다. 정원은 다양한 방법으로 우리에게 균형과 조화, 호기심과 경험, 아름다움과 무상함 그리고 냉정함과 다정함에 대해 말한다. 정원을 둘러싼 담 안에서 내가 보는 것은 다름 아닌 '나'다.

꽃 한 송이가 품고 있는
우주의 무한함

—— 가을엔 어떤 꽃이 떠오르느냐 묻는다면 많은 이가 코스모스(*Cosmos bipinnatus* CAV.)를 가장 많이 언급한다. 코스모스가 무리 지어 피어 있는 하늘 위로 잠자리가 날아다니는 것을 보면 누구나 가을을 떠올릴 것이다. 코스모스는 '질서, 조화'라는 뜻의 그리스 어원에서 나왔다. 그래서 우주를 뜻하는 단어이기도 하다. 이 작고 가

녀린 꽃에 너무 무거운 이름이 아닐까 생각이 든다면 코스모스를 가만히 들여다보라고 얘기해주고 싶다. 무수히 핀 꽃 사이에서 절로 찾게 되는 조화로운 질서.

코스모스는 다양한 색의 혀를 닮은 8장의 꽃잎과 그 안에 질서정연하게 자리 잡은 노란 빛 통꽃들로 구성되어 있다. 활짝 핀 코스모스를 보니 가운데 노란 별을 가득 품고 있다. 산국, 구절초, 쑥부쟁이, 개미취, 절굿대 등 많은 국화과 꽃에서 가지런한 노란 별처럼 보이는 통꽃을 찾아볼 수 있다. 작은 꽃 한 송이가 품고 있는 별이 가득한 우주다. 코스모스가 만발한 정원 속 일부를 본다. 질서와 조화는 혼돈Chaos에서 나왔다는데, 어지럽게 무리 지어 피어 있는 꽃들은 질서를 품고 있었다.

허블망원경이 찍은 다양한 은하의 모습은 마치 검은 하늘에 피어난 한 송이 꽃처럼 보인다. 광활한 우주의 정원 속에 핀 한 송이 꽃이다. 별이 태어나 수명을 다한 후 폭발한 자리에서 새로운 별이 생겨나듯이, 정원 속 꽃 한 송이도 그러하다. 정원에 피어난 한 송이 코스모스가 내게 말을 건넨다. '너 또한 우주의 한 조각이야.' 태어나서 꽃을 피우고, 열매를 맺고 스러지는 자연의 법칙은 우주의 법칙이고 누구도 예외가 없다.

정원을 거닐다 보면 곳곳에 신이 깃들어 있음이 느껴져 절로 숙연해지는 순간을 자주 목격한다. 정원 속 모든 것을 통하여 내 안에 깃든 신, 당신 안의 신을 마주 보게 된다. 내 발끝에 차이는 작은 돌멩이 하나에도, 작은 풀꽃에도 담긴 그 신의 섭리. 우주의 무한함이 우리 사이에 깃들어 있고, 생명의 섬세한 질서 또한 우주에 있다. 그곳엔 성장과 소멸, 아름다움과 추함, 질서와 혼돈이라는 모두를 관통하는 법칙이 함께 머물러 있다. 세상의 모든 이치가 한 뼘의 나의 작은 정원에 들어 있고. 자연에 관한 공부는 정원에서 새롭게 배우고 깨우쳐야 하는 일이다. 정원사는 자세히 들여다보며 궁리하는 시간으로 깊어지고, 직접 땀 흘려 흙을 만지고 기꺼이 땅에 무릎을 꿇는 시간으로 넓어진다.

활짝 핀 코스모스는 가운데 노란 별을 가득 품고 있다.

내 삶을 위한
나만의 철학을 세우는 시간, 가든타임

○ ─────────── 우리는 늘 불안하다. 세상은 너무 빨리 변하고 나는 늘 반 박자 늦기만 하다. 꿈을 꾸라던 세상은 자꾸 우리에게 답지를 들이댄다. 이런 모습으로 살아야 한다고. 하지만 어디 세상일에 만만한 것이 있던가. 모두가 타고난 꼴도, 처한 상황도 다르기에 정답은 매번 빗나가기 마련이다. 과연 이 기준에서 백 점짜리 인생이 있을 수는 있는가 하는 의심과 함께. 바짝 긴장하여 아등바등 살아가도 맨날 오십 점 언저리다. 세상이 만들어낸 기준에 나를 애써 낮추어 살다 슬쩍 기대본 정원에서 나를 바라본다. 정원 속 안온한 공기 안에서 긴장은 슬쩍 풀어지고, 그제야 내게 온전히 들어오는 세상의 모습. 내가 그곳에 있다. 내 모습 그대로.

정원에서
삶을 묻다

———"정원이 언제쯤 완벽해질까요?" 오랜만에 들른 정원에서, 반갑
게 인사가 끝나기도 전에 정원주께서 대뜸 질문을 건네신다. 내 눈엔
막 두 해를 넘긴 정원의 풍요로움이 아름답게 눈에 담기는데 매일 돌
보는 사람의 입장은 아쉽기만 한가 보다. 생에 처음으로 가꾸는 정원
이니 기대도 크고 걱정도 많을 터이다. 그동안 경험한 일에 관한 이야
기가 끝이 없다. 나도 덩달아 함께 초보 정원가가 되어 정원과 함께
자란 2년간의 이야기에 동화된다.

매일 겪은 자연의 신비와 더불어 아쉽게도 사라져버린 식물들, 도
무지 제대로 크지 못하는 식물들에 대한 한탄으로 이야기가 넘어갔
다. 내용은 아쉬움으로 가득한데 말씀하시는 그 얼굴엔 넉넉함이 가
득하다. 처음 뵈었을 때는 무뚝뚝하신 여느 50대 후반 아저씨의 모
습이었다. 이야기를 나누며 이렇게 재미있고 말이 많으신 분인지 새
삼 알게 되었다. 은퇴를 앞두고 생의 2막을 어떻게 채울까 고민하다
우연한 기회에 정원을 가꾸게 되셨다. 승진했을 때 받아본 난 화분
몇 개가 식물에 대한 경험의 전부이셨던 분인데, 어느 순간부터 도심
의 빽빽함이 너무 답답하셨단다. 그래서 은퇴 후에는 꼭 한적한 곳
에서 지내고 싶으셨다고.

이야기 끝에 내가 되묻는다. "완벽함은 무얼까요? 정원이 어떤 모
습을 하면 완벽하다고 느껴지시겠어요?" 잠깐의 정적과 함께 약속이

라도 한 듯, 둘 다 시선을 정원으로 옮긴다. 그곳엔 막 가을로 접어든 정원이 있다. 두 번의 여름을 지나 처음 심은 철쭉이 키가 많이 자랐다. 지난봄, 연한 분홍빛의 꽃이 한창 피었을 것이다. 그 뒤의 히어리는 여전히 키가 고만고만하다. 몇 장 달리지 않은 잎에는 여름을 지낸 흔적이 가득하다.

처음 기대와 달리 정원은 계획대로 따라주지 않는다. 아무리 훌륭한 스승을 모시고 조언을 구한다 해도, 좋은 정원 서적에 기대어 공부를 깊게 한다 해도 말이다. 정원마다 토양의 구성은 다양하고, 기후는 미묘하게 달라진다. 그 밖에도 예측 불가능한 수많은 변화 앞에서 노련한 정원사의 계획 또한 번번이 틀어지기 마련이다. 다만 매일 할 수 있는 일을 다할 뿐. 정원을 가꾸는 완벽한 방법도, 흠 하나 없는 정원도 있을 리가 없다. 지난여름, 무더위와 온갖 해충에 맞서 살아낸 구멍 나고 찢긴 나뭇잎을 본다. 그럼에도 정원은 아름답다. 완벽함은 살아낸, 지켜낸 세월에서 나온 유결有缺함에 있다.

단단한 삶을 위한
가든타임

────── 악착같지 않아서. 어린 시절 나를 두고 어른들은 걱정 섞인 표정으로 종종 말을 했다. 나는 악착같지 않아서 뭔가 늘 미숙한 사람처럼 느껴졌고, 내가 실패할 때면 그런 내 모습 때문이라 자책했다.

하지만 사람이 타고난 그 꼴은 변하지를 않아서 생의 곡절마다 난 악착같지 않게 적당히 해나간 것 같다. 물론 악착같았으면 당장 눈앞의 결과는 더 나았으리라. 내가 늘 꼽던 나의 단점이, 그저 나의 생긴 모양일 뿐 단점이 아님을 알아차린 건 식물과 함께하면서였다.

정원을 가꾸면 의도하지 않아도 관찰하게 된다. 정원에서 일어나는 모든 일은 주고받음에 있기에 늘 세심히 살피고 알아차리게 된다. 그러다 발견한 식물의 성격들. 악착같은 식물, 꾸준히 무엇을 하는 식물, 잠잠히 있다가 폭발적인 성장세를 보여주는 식물, 처음부터 빠르게 자라는 식물. 사실 결과는 하나다. 내 앞에 주어진 삶을 살아내는 일. 자신에게 가장 좋을 방법으로, 가장 알맞은 방법을 찾아 삶을 산다. 오히려 가장 자기답게 살 때, 잘 살 수 있다.

바쁘게 종종거리며 뛰어가다 길바닥에 넘어지고야 말았다. 순간 너무 아프고 서럽다. 나는 뭐가 맨날 이런가 하며 불평할 찰나, 발아래에 핀 작은 물망초 꽃이 보인다. 지혜로운 사람은 넘어져 일어날 때 뭐라도 쥐고 일어난다고 했다. 그것이 불끈 쥔 빈 주먹일지라도. 더 담대한 이는 넘어진 김에 주변을 살펴본다. 무엇에 넘어졌는지. 거기서 더 마음이 여유로운 이는 눈앞의 작은 풀꽃을 가만히 바라볼 것이다. '너 거기 있었구나. 나도 잘살고 있단다. 매일 이렇게 넘어져도 다시 일어난단다.' 발아래의 작은 꽃에 말을 건넨다. 너도 알아주는 이 없어도, 밟혀도 그저 네 삶을 잘 살으렴.

정원을 가꾼다는 것은 결과가 아니라 과정에 집중하는 일이다. 정원이라는 것이 '짠' 하고 보여줄 수 있는 성질의 것이 아니기 때문이다. 매일을 차곡차곡 쌓아가면서 어떻게 성장하고 꽃피우며 열매를 남길 것인가 궁리하는 일이 정원 일이고. 그 속에서 쌓이는 알아차림의 순간이 나와 정원을 풍요롭게 한다. 생의 순간마다 아름답지 않은 적이 있었던가. 온몸과 마음이 무너져 내리던 그 순간에도 삶은 계속되었고, 깊은 어두움 속에서도 희미한 작은 희망은 늘 서려 있었다.

삶을 가드닝하다

──── "우리는 반드시 자신만의 정원을 가꾸어야 한다Il faut cultiver notre Jardin." 프랑스 철학자 볼테르Voltaire, 1964~1778가 리스본 대지진 직후 발표한 풍자 소설《캉디드 혹은 낙관주의Candide, ou l'Optimisme》에 언급한 문장이다. 그의 사상은 '자유, 평등, 박애'라는 프랑스 혁명의 이념에 바탕이 되었고 현재의 민주주의를 발전시키는 밑거름이 되었다. 계몽주의 시대, 현실에서 계몽주의를 실천하고자 한 볼테르는 직접 자신의 정원을 가꾸었다고 한다. 프랑스와 스위스가 국경을 맞대고 있는 페르네-볼테르Ferney-Voltaire 지역에 있는 볼테르 성에 가면 현재도 그가 머물렀던 성과 정원이 있다.

정원을 가꾸어야 한다는 마지막 메시지 속 의미를 생각해본다. 1755년 포르투갈 리스본에서 발생한 대지진은 유럽 전역에 극심한 혼란을 일으켰다. 많은 사상가 사이에서도 지진의 의미에 관한 논쟁이 끊이지 않았다고 한다. 지금 우리도 여러 의미로 혼란한 세상을 살아가고 있다. 팬데믹으로 전 세계가 극심한 고통을 겪었으며 그 이후로도 정치, 경제, 사회 어느 하나 평온한 것이 없다. 위협들이 언제고 나를 흔들지 모른다는 불안함 속에서, '나를 잃지 않고, 어떻게 살 것인가?'를 계속 되뇌게 된다.

정원은 돌봄이다. 게다가 그 '보살핌'은 지속적이고 규칙적이어야만 한다. 손바닥만 한 작은 정원이든 커다란 공공의 정원이든 내게 주어진 정원을 돌본다는 것은 어딘가에 이어진다는 의미이고 사유한다는 뜻이다. 혼란한 세상에 휩쓸려 잠식당하지 않으려면 자신만의 철학이 반드시 필요한 오늘날, 돌봄의 가드닝을 통하여 나를 돌아보면 좋겠다. 삶을 관통하는 살아 있음의 의미와 참된 행복에 관한 고찰이 우리에겐 꼭 필요하다.

정원에서 삶을 본다. 정원을 가꾼다는 것은 온갖 불확실함 속에 있다는 것이다. 불확실하다는 것은 달리 말하면 무한한 가능성이다. 생명이 있는 곳에는 머묾이 없다. 세상의 순리에 따라 변하고 또 변한다. 세상의 기준에서 자유로워질 때 우리는 다양한 가능성 속에 머무를 것이다. 또한 정원을 가꾼다는 것은 나만의 철학을 세운다는 것이다. 세상의 이치를 발견하고 그 안에서 나만의 철학을 세울 때, 우리는 단단한 삶을 살아간다.

회복

단단한 삶을 위한
치유와 연결

자연스러운 행복추구 활동, 가드닝

○ ───────── 가드닝 프로그램 중인 실습 정원 안. 처음 가드닝을 배우는 초보 가드너 몇몇이 부지런히 몸을 움직이고 있다. 흙을 나르고, 구획된 땅 위에 계획에 따라 식물을 배치한 후 땅에 심어주는 일. 한참 식물을 매만지던 한 사람이 땀을 닦아내며 상기된 얼굴로 나에게 말한다. "선생님, 지금 너무 행복해요. 아이고 허리야, 너무 재미있네요." 뒤이어 작업에 몰두하던 사람들이 하나둘 허리를 펴고 웃으며 너도나도 행복하다 이야기한다. 애써 말하지 않아도 밝은 얼굴에서, 가벼운 몸짓과 주변을 둘러싼 충만한 기운까지, 곁에 있는 내게도 온몸으로 행복한 느낌이 전해져온다. 프로그램을 계획하는 시간에는 늘 이런 순간을 기대하며 준비하게 된다. 그래서 준비과정도, 함께하는 순간도 나 또한 늘 행복하다.

행복을 찾아서

───── '행복이란 무엇일까?' 새삼 묻게 된다. 또 정원의 매력은 무엇이기에 사람들은 가장 순수한 행복을 단번에 찾아내어 거침없이 표현하는 것일까. 너무 힘든데, 너무 행복하다는 모순된 말을 하는 웃는 얼굴들을 바라보고 있노라면 나도 모르게 고개를 끄덕이게 된다. 표현하지 않고는 못 배기는 행복감. 굳게 다문 입이 저절로 풀려, 배시시 웃게 만드는 정원 속의 시간. 행복에 정답이 있으랴. 다만 정원에 머무는 사람들의 모습을 살펴보며, 또 매일 정원과 함께하는 나를 통해 답을 가늠해볼 뿐이다.

만약 내가 정원에 오롯이 동화되기 전에 같은 질문을 받았다면, 배운 대로 물질적인 풍요나 사회적 성공 안에서 느끼는 만족감을 이야기했을 것이다. 세상은 내게 외적인 풍요로움이 행복의 기준이라 끊임없이 가르쳤다. 공부 열심히 해서 좋은 대학 가야지, 좋은 직장 들어가서 돈 많이 벌어야지 하며 매일 나를 채근했으니, 그렇게 하면 나는 행복한 삶을 살게 되리라 생각했다. 그러나 삶은 생각보다 복잡다단했고, 나는 늘 열심히 하는 모범생은 아니었다. 그래서였을까. 늘 심리적 허기에 시달렸으며 삶은 때때로 볼품없이 느껴졌다.

지난 2020년 전 세계적으로 발생한 팬데믹은 강제적으로 일상을 멈추고 삶의 속도를 줄이게 했다. 고통스러운 멈춤의 시간은 역설적이게도 우리 삶의 본질을 반추할 수 있는 계기가 되었다. 나 또한 그랬다. 혼란한 세상에서야 비로소 자연의 평온함이 보였고, 책 속에 머물던 꽃 한 송이가 눈앞에서 위로를 건네는 순간을 만나게 되었다. 자연과의 단단하고 투명한 벽이 허물어지고, 기다렸다는 듯이 자연은 내 안으로 거침없이 쏟아져 들어왔다. 코로나 시절 붐을 일으킨 가드닝 열풍을 보면, 아마 많은 이가 그랬을 것이라 짐작해본다. 지금을 사는 내게, 또 우리에게 행복이란 조금 다른 의미로 닿는다.

행복에 관련해 간행된 서적의 내용도 이를 기점으로 많이 변화하는 것을 본다. 코로나 이전 행복 관련 서적들의 내용은 자기계발과 웰빙을 추구하는 이론적 행복 중심이 많았다. 그러나 이후 행복을 위한 핵심적인 맥락이 회복Resilience과 적응Adaptation으로 변화한 것을 볼 수 있다. 행복을 주제로 한 다양한 책이 행복을 위해서는 심리적인 회복과 사회적 관계 맺음이 중요하다고 말한다. 그리고 나아가 '어떻게 살 것인가'에 관한 좀 더 근본적인 물음을 스스로 묻고, 일상 속에서 실천하는 행동에 집중하기를 권한다. 그야말로 행복은 '내가 내 삶을 채워가는 것' 그리고 그 과정의 경험 속에 있다.

즐거운 자극이 넘치는
정원의 순간

——— 행복의 본질은 즐거움Pleasure에 있다. 주로 야외에서 이루어지는 정원활동은 우리에게 즐거운 자극을 준다. 따뜻한 햇살의 기운 아래 피부에 닿는 상쾌한 바람은 말초신경부터 기분까지 즐겁게 우

리의 감각을 자극한다. 햇볕은 망막을 통해 뇌의 시상하부로 전해져 세로토닌의 합성을 촉진하고, 피부에 닿아 비타민 D의 합성과 함께 세로토닌 생성에 도움을 주게 된다. 정원의 나무와 식물에서 뿜어져 나오는 향균물질인 피톤치드Phytoncide는 상쾌한 기분을 너머 우리의 몸과 마음을 건강히 깨운다.

흙 속에 존재하는 특정한 미생물이 신경계를 자극하여 세로토닌 분비를 활성화한다는 최근 연구결과가 있다. 이에 따르면 흔하게 분포되어 있는 마이코박테리움 바케Mycobacterium Vaccae 같은 비병원성 박테리아가 염증반응을 억제하여 면역체계에 긍정적인 영향을 미치고, 세로토닌의 수치가 증가하여 정신건강에 도움을 준다고 한다. 정원 활동은 흙과 함께 하는 일이다. 정원을 돌보는 과정에서 우리는 그 속에 존재하는 수없이 다양한 미생물과 접촉하게 된다. 우리가 미처 알지 못할 뿐 정원은 우리의 오감에 깊이 닿아 안녕을 돌보고 행복함을 주고 있었다.

인간 존재의 삶과 본질에 관한 깊은 성찰을 남긴 신경과학자 크리스토프 코흐Christof Koch, 1956~는 행복은 외부의 조건이 아니라, 의식의 방향과 태도 그리고 경험의 질에 달려 있다고 강조한다. 1년간의 행복 찾기 여정의 끝에 그가 찾은 것은 결국 '가드닝'과 '결혼'이었다. 좋은 관계 맺음과 자연이 주는 다감각적인 즐거움은 행복의 원천이다. 행복은 결코 물질적인 것으로 대체될 수 없다. 오직 주관적인 경험에 의해서만 행복한 삶의 밀도가 달려 있다.

정원의 단순하면서도 반복적이고 규칙적인 활동들은 우리의 정신에 수월하게 닿는다. 긴장감 없는 순수한 기쁨을 맛보게 하고 느릿하게 흐르는 정원의 속도감은 평온함을 준다. 무엇보다도 심리적인 안정감은 정원활동의 큰 장점이다. 정원활동을 통한 다양한 관계 맺음은 고립감과 우울감을 줄이고 행복감을 높인다. 사회가 발전하여 관계가 단절될수록 마음 깊은 곳에서는 단단한 연결을 원한다. 사회적 동물인 인간은 의미 있는 다정한 관계 속에서 자기 효능감을 회복하고 행복을 느낄 수 있다.

누군가 내게 지금 '행복하세요?' 묻는다면 어떨까. 나는 느닷없이 닥치는 삶의 고충에, 무도하기 짝이 없는 세상사에 푸념을 늘어놓을 것이다. 그러나 결국, 담장에 기대어 핀 새하얀 찔레꽃을 홀리듯 바라보며 대답할 것이다. '네, 그럼에도 행복하네요.' 잿빛인 삶에 눌리기엔 일상을 채우는 정원이 주는 즐거움의 밀도가 높다. 매일 아침 출근길에 차창 밖으로 보이는 계절의 변화를 바라보며 즐겁다. 내가 가꾸는 작은 정원이 주는 소소한 감동에 감탄하며 작은 정원이 연결해주는 다양한 이들과의 사귐에 행복하다. 삶의 행복은 실은 거창한 무엇인가가 아니라 매일 찾는 소소한 즐거움과 만족감에 있다. 매일 조금씩 채워나간 행복의 조각들이 행복한 삶의 밀도를 채운다.

행복의 본질은 즐거움에 있으며, 주로 야외에서 이루어지는 정원활동은 우리에게 즐거운 자극을 준다.

내면의 소란이 잦아드는
정원에서의 시간

○ ——————— "힘들지 않으세요?" 가까운 지인이 걱정스레 안부를
묻는다. 여러 가지 역할을 해내야 하는 내 사정을 알고 하는 얘기
다. "너무 스트레스 받으실 것 같아요." 오직 나뿐이랴. 오늘을 함께
사는 모두가 힘에 부친다. 사회가 복잡해질수록, 해내야 하는 일도
많고 역할도 많다. 그래서 자칫 완급 조절에 실패하면 가벼운 증상
부터 시작되어 심각한 질환으로 이어지기도 한다. '힘들죠. 그래도
즐거우려고 노력합니다.' 어느 피로회복제 광고의 멘트처럼 나도
'그날의 괴로움은 그날에 푼다.' 정확하게 말하면, 일상을 함께 하
는 정원이 매일 나를 달래어 다시 세상으로 건강히 돌려보내준다.

회복을 위한
초록빛 증표

—— 주에 한 번 이상 정원에서 시간을 보내면 그렇지 않은 사람에 비해 스트레스에 시달리는 횟수가 감소하고, 생활하는 공간 인근에 접근하기 쉬운 정원이 있을수록 그 효과가 더 크다는 연구결과가 있다. 특히 직접 돌보는 정원이 있으면 스트레스가 더 낮다고 한다.[2] 누구나 정원을 산책하고 돌보는 활동을 하면 심리적으로 안정이 된다. 부정적인 감정이 가라앉고 집중력이 향상된다는 것은 이미 여러 연구결과로 입증되었다. 이렇듯 정원에서 보내는 짧은 시간은 삶의 질을 여러모로 건강하게 만든다.

미국의 환경심리학자 로저 울리히Roger Ulrich는 병원에 입원한 외과 수술 환자를 대상으로 자연의 회복력에 관한 연구[3]를 통해 자연이 우리의 회복을 돕는다고 말한다. 그는 환자를 두 그룹으로 나누어 창밖에 정원이 보이는 방과 벽돌담만 보이는 방에 머물게 했다. 그 결과 정원이 보이는 방에 머문 환자들이 회복도 빠르고 진통제 사용이 적었음을 알 수 있었다. 이를 통해 자연을 바라보는 것만으로도 우리는 신체적·정신적 회복에 도움을 받는다는 사실을 입증했다. 창밖의 마지막 잎새가 아이를 살린 것은 작가 오 헨리O. Henry의 이야기 속 환상이 아니라 실제 자연이 우리에게 주는 회복의 효과다.

이후 후속 연구[4]를 통해 정원의 치유는 환자뿐 아니라 병원 직원들에게도 나타남을 밝혀냈다. 실험을 위해 참가자들에게 스트레스를 준 후 자연환경과 도시환경에 대한 이미지를 3~5분간 바라보게 했다. 숲과 정원, 물가 등과 같은 자연의 환경을 바라본 그룹은 불안, 분노, 통증 같은 부정적 감정이 줄어들고 이완을 통해 회복이 촉진되는 것을 알 수 있었다. 이를 통해 단지 자연은 잠깐 응시하는 것만으로도 스트레스가 완화되고 정서적 안정에 효과가 있음을 알 수 있다.

점심시간, 도심의 공원에 인근 직장인들이 쏟아져 나온다. 식사 후 삼삼오오 담소를 나누며 천천히 걷는 사람, 홀로 나무 그늘 아래 벤치에 앉아 간단한 점심을 먹는 사람, 작은 공원이 사람들로 꽉 차 있다. 마치 작은 정원 속 빽빽이 심긴 식물들같이 간절히 해를 바라보는 듯한 사람들. 그러다 점심시간이 끝날 무렵이면, 누가 마법이라도 부린 것처럼 순식간에 공원이 텅 빈다. 정원에서 보내는 단 한 시간, 숨 가쁜 일상에 찍는 작지만 소중한 초록 쉼표이자 회복의 증표다.

세상 속 외딴 섬을 향해 내민 정원의 손길

—— 정원 프로그램을 진행하다 보면 세대와 성별을 넘어 다양한 대상을 만나게 된다. 정원활동에 대한 기대와 즐거움에 살짝 들뜬 사람들을 보면 나도 따라 기분이 설렌다. 보통 일상의 가벼운 스트레스는 정원활동을 통해 곧 잊히고 사람들은 가벼운 발걸음으로 다시 삶으로 돌아간다. 하지만 고립된 청년의 불안하고 무기력한 얼굴, 독거

노인의 공허한 눈을 마주한 순간. 마음이 내려앉는다. 삶의 벼랑 끝까지, 세상의 가장 험한 곳까지 내몰린 이들. 어떻게 손을 내밀어 줘야 할까, 어떻게 삶의 늪에서 건져줄 수 있을까.

우울하고 외로운 이들에게는 보통 물질적인 도움과 의료적인 혜택이 필요하기에 나라에서도 사회적인 장치를 많이 고민한다. 하지만 정말 필요한 것은 연결이다. 변함없고 지속적인 연결과 따뜻한 돌봄이 이들을 단단히 붙잡아주어야 한다. 삶이 무거울수록, 여전히 내가 설 곳이 있는 세상과 막막한 현실 속에서 발견할 수 있는 작은 희망이 있는 곳이 필요하다. 몸과 마음이 극단적으로 내몰린 이들뿐만이 아니다. 세상이 어렵고 혼란스러울수록 우리에겐 잠시 피해 지친 몸과 마음을 달래고 치유할 곳이 반드시 필요하다.

도쿄대학교 농생명연구과 교수 마사시 소가Masashi Soga는 인간과 자연의 상호작용 및 자연 경험의 사회적·심리적 효과 등 다양한 주제를 활발히 연구하는 학자다. 그는 예방의학, 공중보건, 건강증진 분야의 연구를 다루는 국제 학술지《Preventive Medicine Reports》에 게재한 논문에서 정원의 효과를 구체적으로 제시했다. 그의 논문인 〈메타분석을 통한 가드닝의 건강효과Gardening is Beneficial for Health: A Meta-Analysis〉[5]는 정원활동의 전과 후, 참여자와 비참여자간의 건강결과를 비교한 결과를 보여준다.

연구결과에 따르면 연령과 현재의 건강상태 및 활동의 종류와 상관없이 모두에게 효과가 나타남을 알 수 있다. 특히 우울과 불안, 스트레스, 신체질량지수BMI 등 건강을 위협하는 부정적인 요인들이 감소했다. 거기에 더하여 삶에 대한 긍정적인 생각과 만족도, 활력, 쾌적감뿐만 아니라 공동체 의식과 인지기능 등이 유의미하게 향상되었다. 이처럼 정원은 건강한 신체를 유지하는 데 도움을 주고, 우울감과 스트레스를 낮춤으로써 심리적인 안정감을 준다.

정원은 항상 단순하고 명쾌하게 우리에게 답을 건넨다. 순환하는 삶과 생명이라는 우리의 근본을 마주보게 함으로써 그 가치를 되찾아준다. 강한 생명의 힘으로 우리 깊은 곳을 어루만진다. 개개인에게 맞추어 위로와 치유 그리고 즐거움을 건넨다. 찰나의 감동으로, 지속적인 즐거움으로, 일상을 감싸는 안온함으로 정원은 늘 그곳에 있다. 정원의 품에 나를 맡겨보자. 아낌없이 푸른 에너지를 우리 안에 가득 채우고 내면의 소란을 잠재워줄 것이다.

정원의 푸른 에너지는 우리에게 위로와 치유, 즐거움을 건넨다.

건강한 일상을 위한
천연 항생제, 숲 정원

○ ─────────── 도시에 조성된 작은 숲을 천천히 걷는다. 일상의 소요
는 숲의 고요함에 점차 잦아들고 숲이 주는 쾌적함만 남는다. 숲에
들어가면 어쩐지 마음이 편안하다. 코끝부터 시작한 상쾌함은 이
내 온몸을 감싼 뒤 몸과 마음을 맑게 깨운다. 우리는 종종 정원활동
을 소수의 특별한 취미로 여기거나, 숲이 주는 치유는 특정한 대상
을 위한 것이라 생각한다. 그러나 오늘 하루를 가만히 되짚어보자.
나는 진짜 자연이 주는 위로가, 그 위로를 통한 치유가 필요 없는 사
람일까. 정원에서 보내는 시간은 우리에게 여러 측면으로 영향을 미
친다. 정원이 우리 삶의 질을 높일 수 있는지는 정원의 효과에 관한
다양한 연구결과에서 이미 입증되었다. 우리 모두는 정원이 주는
생태적 처방이 필요하다. 일상을 위한 치유의 공간으로, 도시를 위
한 생태적 해법으로 우리에겐 숲 정원Forest Garden이 필요하다.

자연결핍시대,
도시에 숲 정원이 필요하다

—— 현재 우리나라는 가파른 도시화로 인구의 92% 이상이 도시
에 거주한다. 한정적인 도시공간에 많은 인구가 몰려 살다 보니 자연
스럽게 다양한 문제가 생겨난다. 교통량 증가와 더불어 산업시설 및
에너지 소비의 증대는 대기질을 악화시키고 호흡기 질환과 심혈관
질환을 유발했다. 도시기반시설의 확장으로 도시는 콘크리트에 덮여
날로 뜨거워지고, 토양과 도시를 흐르는 하천은 심각한 오염에 노출
되었다.

무엇보다도 심각한 문제는 도시 속 모든 살아 있는 것의 진정한 삶
의 터전이 사라지고 있다는 사실이다. 우리는 원래 도시에서 살도록
태어나지 않았다. 다만 견딜 뿐이다. 도시를 함께 살아가는 생물의
안녕은 우리의 안녕이기도 하다. 자연적인 녹지의 감소는 생물 다양
성의 감소로 이어지고 생태계의 상호작용을 무너뜨린다. 도시가 밤
이 늦도록 소란스러울 때 우리 또한 잠 못 드는 불면의 밤을 보내게
된다. 사회적 밀도의 증가는 일상의 긴장으로 이어져 스트레스와 불
안 등으로 정신을 피폐하게 한다. 결국 식물과 자연이 우리에게 주던
이로운 영향의 단절은 다양한 질병으로 돌아온다.

도시를 채우는 모든 것에 내 눈과 귀 그리고 다른 감각들 또한 쉴
틈이 없다. 한낮의 태양 빛보다 더 반짝이는 조명, 끊임없이 들리는
도시의 소음, 도시를 채우는 갖가지 냄새 등. 내가 살아가는 이 거대

한 도시는 쉼 없이, 갖은 방법으로 나의 주의를 끌어낸다. 모두를 피해 작은 방에 스스로 갇힌다 해도 완벽한 고립은 없다. 도시가 주는 강도 높은 자극들은 오히려 감각의 단절을 경험하게 한다. 쾌감을 넘어 피로와 긴장감을 주는, 지속적인 강한 외부 자극에 우리의 감각이 오히려 무뎌졌기 때문이다.

도시 안의 정원 또한 우리의 감각을 자극하는 요소가 가득하다. 하지만 자연이 주는 감각은 섬세하고 부드럽다. 정원이 만들어내는 다채로운 감각은 오감인 시각, 청각, 미각, 촉각 그리고 후각의 감각 경험에 머무르지 않는다. 도시의 삶에서 둔감해진 우리의 감각을 되살려주는 회복환경에 이른다. 감각의 회복은 삶의 균형을 되찾고 심리적인 안정감을 준다. 이는 나아가 뇌의 다양한 영역을 자극하여 전반적인 인지기능 활성화에 이른다.

도시에 숲을 돌려주어야 한다. 숲 정원은 다양한 측면으로 건강한 우리 일상을 위한 힘을 발휘한다. 일상 가까이에 있는 숲 정원은 미기후微氣候를 조절하고, 도시의 소음과 분진을 흡수하여 쾌적한 환경을 만들어준다. 너무 무성하지 않은 큰 나무 아래, 사계절이 있는 키 작은 나무와 그 아래로 고유한 특색이 있는 높낮이가 다른 풀꽃들, 그리고 땅을 덮고 있는 낮은 식물들까지 다양한 층위의 입체적인 수목이 있는 숲 정원은 하나의 살아 있는 생태계다.

정원의 식물들과 함께 정원의 바탕이 되어주는 흙은 수많은 미생물이 살아 숨 쉬고, 물과 탄소를 저장하여 기후변화에 대응하는 뛰어난 방패가 된다. 이런 숲 정원은 무엇보다도 강력한 치유 효과로 우리의 도시와 일상을 지켜준다. 국립산림과학원의 연구에 따르면 숲에서 15분간 나무를 바라보기만 봐도 흔히 스트레스 호르몬이라고 부르는 코르티솔Cortisol 농도가 15.8% 감소하고, 혈압도 2.1% 낮아진다고 한다. 뇌에서는 알파파가 증가하고 회복을 위한 환경임을 인지하게 된다. 또한 심리적으로 부정적인 감정이 줄어들며 긍정적인 감정이 높아진다. 이렇듯 숲이 주는 무한한 긍정적인 에너지는 우리를 회복시킨다.

산림욕과 면역

───── 산림욕山林浴, Forest Bath이란 숲속의 공기를 들이마셔 온몸에 닿게 하는 것이다. 물속을 수영하듯 숲속에 뛰어들어 머리끝부터 발끝까지 숲의 공기에 나를 적신다. 산림욕은 식물이 스스로를 보호하기 위해 내뿜는 방향성 물질인 피톤치드의 효과가 과학적으로 증명되며 주목받았다. 피톤치드Phytoncide는 구소련 시대의 블라디미르 토킨 박사Vladimir Petrovich Tokin가 고안해낸 용어로, 상처를 받은 식물이 스스로를 보호하기 위해 주변의 미생물에게 위해를 가하는 물질을 분비하는 것에 착안하여 생겨났다. 'Phyton(식물)'과 'Cide(죽이다)'의 합성어로 식물이 분비하는 휘발성 살균물질을 뜻한다.

피톤치드는 어느 특정 성분을 일컫는 말이 아니다. 파이토케미컬(식물성 천연물질) 중 항산화, 항균 및 진정 작용을 하는 물질을 두루

일컬어 뜻하며 그 종류는 수천 가지에 이른다. 허브 같은 방향성 식물, 녹차, 향나무 등에 이르기까지 모두 피톤치드를 내뿜는다. 그중 한대침엽수림을 이루는 전나무, 소나무, 잣나무, 가문비나무 등에서 방출하는 테르펜Terpene이 산림욕의 효과를 주는 대표적인 피톤치드라고 알려져 있다. α-피넨, 리모넨, 사비넨 등으로 이루어진 테르펜은 자율신경계를 안정시키고, 면역세포를 자극하여 코르티솔, 아드레날린 등과 같은 스트레스 호르몬을 감소시킨다.

숲에서 하는 산책은 우리 몸속의 면역세포인 NK Natural Killer Cell(자연살해세포)와 T세포의 수를 늘리고 활성화에 도움을 주고 항암 단백질을 증가시킨다. 국제 학술지에 발표된 일본 Li 교수의 연구(2009)[6] 결과를 보면 2박 3일간 숲에서 머문 성인남녀의 NK세포 수와 활성도가 증가되었고 그 효과 또한 최장 30일 이상 지속되었다고 한다. 국내에서 진행된 많은 연구 또한 비슷한 결과가 나왔고고 특히 암환자를 대상으로 한 연구에서도 면역력 증진 효과를 확인할 수 있었다.

이렇듯 숲 정원에서 하는 산책은 단순한 휴식이 아니다. 피톤치드처럼 항균작용을 하는 물질들에 노출됨으로써 스트레스를 해소하고 면역을 증진시키는 등 건강에 이로운 효과를 볼 수 있는 적극적인 치유활동이다. 실제로도 산림치유는 산림의 고유한 경관, 공기 내 유효성분 및 자연과의 상호작용 등 다양한 기능을 활용하여 인체의 면역력을 높이고 건강을 증진시키는 활동이라 법률[7]로도 명시되어 있다. 숲은 한 달에 한두 차례, 2시간 이상 머무르기만 해도 면역력을 다각적으로 개선시킨다. 특히 초여름부터 늦가을까지가 가장 좋고, 나무

의 생육이 활발한 여름과 날씨가 맑고 바람이 적은 오전 시간이 피
톤치드 발생량이 많아서 숲이 주는 치유 효과가 극에 달한다. 날이
좋은 오늘, 우리가 숲으로 가야 하는 이유다. 쉽게 가닿을 수 있는 도
시에 있는 숲 정원에서 하는 산책은 일상에서 누리는 강력한 치유
효과를 선물한다.

숲이 주는 선물

—— 느리고 편안한 숨소리 사이로 '바스락, 사각사각' 마른 나뭇잎
과 가지들이 밟히는 소리가 조용한 정원의 정적을 깬다. 도심 인근의
산자락 끝에 있는 숲 정원에서 한 무리의 사람이 숲길 산책을 마치
고 돌아오는 중이다. 발갛게 상기된 얼굴이 말끔하고 개운해 보인다.
미리 준비한 따뜻한 차를 마시며 숲이 부드럽게 자극한 감각과 순간
을 느긋하게 즐겨본다. 몸과 마음에 에너지가 차오르고 활기가 도는
느낌이 든다. 차 맛은 더 섬세하게, 계절의 빛은 더 찬란하게, 나를 둘
러싼 푸른빛은 더 생기 있게 다가온다.

숲으로 들어가면 어쩐지 살아 있는 숲이 나를 따라 걷는 느낌이
든다. 내가 숲이 되었다가, 숲이 내가 되기도 한다. 그렇게 함께 숨 쉬
며 서로를 넘나든다. 숲은 나의 취향을 묻지 않는다. 자신을 좋아하
는지 가늠해보지도 않는다. 열심히 숲을 걷는지, 그저 빈둥거리는지
확인하지 않는다. 그저 자신의 품에 찾아온 이를 받아들이고, 숲이

가진 에너지를 한껏 나누며 돌볼 뿐이다. 이런 돌봄의 시간을 통해 우리의 몸과 마음은 면역력을 높이고 대응하는 힘을 길러 스스로 성장하게 한다.

숲이 주는 치유 효과는 음식과 약보다 즉각적으로 작용한다. 관련 연구에 따르면 단 몇 시간 숲에 머물렀을 뿐인데도 스트레스가 낮아지고 면역력이 증가했다. 다양한 연구와 실제 사례를 통해 숲의 치유 효과는 이미 증명되었다. 숲에서 보내는 시간은 가벼운 치유를 통해 건강한 사람에게 질병에 대항하는 힘을 길러준다. 또한 치매, 당뇨병, 고혈압, 암, 천식 등과 같은 만성질환을 앓고 있는 환자에게도 숲은 의미 있는 치유 장소가 된다.

숲 정원의 차분하고 다감각적인 경관은 오감을 부드럽게 자극하여 생기와 내면의 평온함을 준다. 정원의 공기를 가득 채운 음이온 그리고 흙을 가득 채운 미생물과 나무가 방출하는 강력한 에너지가 우리에게 닿는다. 숲을 찾는 사람은 그렇지 않은 사람에 비해 삶의 만족도가 높다는 연구결과[8]가 말해주듯이, 우리의 일상 가까운 곳에 숲을 닮은 정원을 만들고 깊이 닿아서, 숲이 아낌없이 주는 이로운 혜택을 받아야 한다. 우리가 생각하는 것이 마음의 방향이 되고 먹는 것이 몸을 만들듯이, 우리를 둘러싼 환경이 건강한 삶의 바탕이 된다.

자연에서 태어난 우리가 자연과 단절되며 다양한 생리적 문제와 감각의 기능 이상을 겪고 있다. 우리는 늘 위태롭고 허기지다. 맛있는 음식을 배불리 먹어도, 물질의 풍요로움을 한없이 누린다 해도 결코 채울 수 없는 결핍이다. 가까운 숲으로 가자. 초록빛 가득한 숲 정원은 우리가 그곳을 좋아하든 시큰둥해하든 상관없이 우리의 몸과 마음에 치유의 에너지를 가득 채워넣을 것이다. 숲 정원은 우리의 자연 결핍을 채우는 훌륭한 생태 처방전이 된다.

도시를 위한 탄소 흡수원 이끼정원(제이드가든). 가까운 숲으로 가자. 숲 정원에서 하는 산책은 단순한 휴식이 아니다. 피톤치드처럼 항균작용을 하는 물질들에 노출됨으로써 스트레스를 해소하고 면역을 증진시키는 등 건강에 이로운 효과를 볼 수 있는 적극적인 치유활동이다.

우주가 담겨 있는
한 줌의 흙

흙은 어둡고, 낮으며, 무겁다. 하지만 그 흙에서 밝고 새로운 것이 태어나 세상을 향해 가볍게 날아오른다. 내 손에 쥔 흙을 가만히 바라본다. 내 눈에는 보이지 않을 수많은 생명이 자기만의 세계를 이루고 있을 것이며, 작은 씨앗의 미래가 여기에 있다. 이 한 줌의 흙 속에 치유와 무한한 생명의 힘이 깃들어 있다. 미국 시인 토머스 무어Thomas Moore, 1779~1852의 말처럼 땅이 치유하지 못하는 슬픔은 없다.[9] 모든 것을 융합하는 힘으로 흙은 세상 만물의 균형을 지킨다.

흙이 주는 치유

───── 수많은 미생물이 담긴 한 줌의 흙이 정원을 찾는 모든 생물의
삶에 큰 영향을 미친다. 흙 속에 존재하는 다양한 세균과 바이러스
곰팡이 등은 흙을 생명력이 넘치는 곳을 바꾸고, 식물의 성장을 지
지한다. 이런 미생물들은 종종 땅 밖을 벗어나 흙과 접촉하는 모두에
게 영향을 미친다. 흙은 근원에 닿은 강한 생명력으로 마음을 어루
만지고, 흙에 닿는 입, 코, 피부 등의 모든 기관을 통해 흙 안의 미생
물들이 우리 내부에 깊숙이 들어온다. 체중의 1~3%를 차지하고, 세
포의 10배 이상의 미생물들이 우리 몸 안에 함께 살고 있다. 이런 미
생물들은 우리 몸의 제2의 장기라 불릴 만큼 건강과 깊게 연관되어
있다.

특히 흙을 파헤치고, 삽질하고, 손으로 비벼대는 가드닝은 흙과의
적극적인 접촉을 만들어낸다. 정원에 들어서자 흙의 향기인 지오스
민이 코에 감돈다. 즉각 뇌에 닿은 인체에 무해한 이 테르펜 화합물
질은 몸과 마음을 안정시키고 집중력을 높여준다. 흙을 만지며, 또
갓 수확해낸 작물을 맛보며 흙 안의 미생물들이 우리 체내로 쏟아져
들어온다. 위·소장·대장 등 장내 미생물의 다양성은 소화와 영양분
의 흡수 및 면역, 뇌의 신경 등에 큰 영향을 미친다. 다양한 연구결과
가 말하듯이 이런 장내 미생물의 균형은 알레르기, 암, 치매, 우울 등
과 같이 다양한 질병에 직접적인 연관이 있다.

특히 아이들은 정원활동을 하며 면역력이 높아지고 신체발달 및

감각자극을 통해 건강한 성장에 도움을 받는다. 아이들은 정원에서 식물과 흙을 만지고, 흙 위에서 뒹굴고 뛰어놀며 자연스럽게 흙 안의 미생물들과 접촉하게 된다. 다양한 미생물에 노출되면서 알레르기, 천식, 아토피 등 자가면역질환 발생을 낮춘다. 한 연구결과에 따르면 자연과 아이들의 접촉을 늘리자 피부와 장내 미생물의 종류가 늘고 면역활동을 조절하는 T세포의 수와 기능이 향상되었다고 한다. 이렇듯 아이들 몸속으로 들어온 흙 속의 미생물들은 아이들의 면역체계를 강화하고 장내 미생물의 다양성을 늘려준다.

아름다운
소멸과 부활

——— 토양이 가진 진정한 능력은 환경과 생물의 치유를 넘어 새로운 삶을 여는 밑바탕이 되어주는 것에 있다. 한 해를 지나다 보면 묵은 가지와 베어낸 한해살이풀들, 그리고 낙엽 등 생을 다한 많은 것이 나온다. 이것을 자루에 넣어 배출하면 쓰레기가 될 것이고, 잘 묵혀두면 새로운 세대를 위한 양분이 된다. 다음을 위해 공기가 통하는 통을 하나 준비해둔다. 녹색 재료(풀, 과일·채소 껍질, 커피찌꺼기 등의 질소 성분)와 갈색 재료(마른 낙엽, 톱밥, 종이, 나무껍질 등 탄소 성분)를 차곡차곡 쌓고 뒤집어가며 이듬해의 정원을 위한 퇴비를 만든다.

토양의 다공성 구조는 미세먼지와 휘발성 유기화합물 같은 오염물질을 흡착한다. 토양 내 미생물이 많을수록 흡착 효율은 더 높다. 흡착된 유기물들은 토양 내 세균과 방선균 그리고 곰팡이 등의 미생물에게 분해되어 처리된다. 토양에 존재하는 미생물의 집합체인 생물막Biofilm은 토양 속에 있는 우주와 같다. 쿼럼 센싱Quorum Sensing이라고 부르는 세포 간 신호를 통해 집단행동을 하며 외부환경에 대응한다. 생물막은 오염물질과 미생물 간의 플랫폼이 되고 오염물질은 이곳에 닿아 연쇄적으로 분해된다. 이렇듯 토양에 존재하는 거대한 미생물들의 협업으로 토양은 소멸과 부활이라는 능력을 가진다.

정원의 흙에서 매 순간 삶과 죽음을 목격한다. 삶과 죽음은 다른 말이 아니라 동전의 양면과도 같이 항상 함께 있다. 한 계절 화려하게 삶을 누린 아름답던 꽃이 흙빛으로 시들어 고꾸라진다. 그 안의 여문 씨앗들이 땅 위로 흩어진다. 시든 꽃 옆에서 세상에서 가장 밝은 연둣빛으로 새싹이 고개를 드는 중이다. 시든 꽃의 아쉬움에 사로잡혀 있으면 새싹이 곧 펼쳐낼 찬란함이 보이지 않는 법이다. 소멸과 아름답게 작별해야 한다. 작은 꽃도 나도, 누구나 죽는다. 우리가 언젠가는 죽는다는 당연한 사실을 인정할 때 아름다운 소멸과 부활을 준비할 수 있다.

흙은 죽음을 받아서 다시 생으로 돌려보내는 공간이다. 모든 것은 흙으로 돌아와 조용히 사그라든다. 온갖 것의 죽음에서 영양분을 얻어 새로운 생명이 그 안에서 움튼다. 누구도 이 세상을 흔적 없이 떠나지는 못한다. 그렇기에 삶에서 무엇을 남기고 갈지 고민하는 일은 우리에게 주어진 영원한 숙제다. "네 몸뚱이를 고스란히 녹여 내 몸속으로 들어와야 해. 그래야만 별처럼 고운 꽃이 핀단다." 권정생 작가의 동화《강아지 똥》의 문장처럼, 땅은 가림 없이 모든 것을 품는다. 그것이 더럽고 냄새나는 강아지 똥이라도. 자신을 온전히 내주어 땅에 스며 거름이 된 '강아지 똥'이 아름다운 민들레꽃 한 송이를 피우듯, 땅은 이 세상의 모든 아픔을 품고 희망으로 되돌려준다.

한 계절 화려하게 삶을 누린 아름답던 꽃이 흙빛으로 시들어 고꾸라진다. 그 안의 여물은 씨앗들에서 새로운 생명이 움튼다.

삶의 따뜻함이 필요할 때,
우리는 정원을 만나야 한다

○ ─────────── 바람이 분다. 창을 열고 아래를 내려다본다. 세찬 바람
이 나무들의 우듬지를 쥐고 흔든다. 여름에 막 들어선 나무의 푸른
빛 물결이 너울거리고, 나뭇잎들은 서로 비벼대며 진동하듯 무거
운 음부터 높고 가냘픈 음까지 다양한 소리를 낸다. 가지가 부러질
듯 거세던 바람도 이내 잦아들고 작은 숲이 잔잔해진다. 고요한 정
원 한가운데로 나가본다. 한차례 비바람이 불고 난 뒤 대기의 청량
함이 내게도 전해진다. 정원의 고요는 그 무게감으로 다른 소란스
러움을 잠재우고, 정원에서 시작된 바람은 내 마음 구석부터 작은
세포 끝까지 닿아 새롭게 한다.

정원을 향한 문

──── 나뭇가지로 얼기설기 엮은 문, 돌로 견고하게 쌓아 쐐기Keystone
를 올린 아치, 한껏 장식을 넣은 철제 울타리, 조밀하게 키워낸 생울
타리Hedge 등 정원에는 크고 작은 문이 있다. 공간을 분리하는 용도
로 사용되기도 하고, 극적인 효과를 위해 문을 내기도 한다. 폐쇄된
문이건 개방형으로 공간이 보이는 심리적인 문이건 문은 그 자체로
단절이자 연결이다. 정원의 문 앞에 선다. 이상한 나라로 들어가는 앨
리스가 된 기분이 든다. 저 정원 안에는 어떤 놀라움이 있을까. 한 가
지 확실한 사실은 경이는 있을지언정, 공포는 없다는 것이다.

닫힌 문 너머의 세상은 늘 호기심과 두려움이다. 문이라는 것은
담과 함께 공간을 구분하는 경계이고, 이곳을 통해 새로운 곳으로의
전이 과정이 일어난다. 실제로 일부 발달장애인은 문을 여는 행위에
어려움을 겪기도 한다. 발달장애의 특성 중 하나인 감각의 예민, 새
로운 상황에 대한 두려움 때문이다. 이러한 어려움을 극복하고 문을
여는 행위가 치유 과정이 되기도 한다. 두려움을 넘어 문을 열었을
때 안정된 세상의 경험은 마음에 안정을 준다. 신체적인 경험을 넘어
자립과 사회참여의 상징적 의미를 지닐 수 있고 심리적인 성장의 계
기가 될 수 있다.

나 또한 그렇다. 새로운 세상을 향한 문을 여는 일은 늘 두렵다. 긴
장감에 문고리만 만지작거리다 돌아선 적도 여러 차례다. 정원의 문
앞에 선다는 것은 세상과 나의 전이 공간이자 변화의 시작이 되는

'경계적 상태Liminality•'로 나를 이끈다. 변화는 늘 혼란스럽고 인간은 나약하다. 그래서 삶의 관성 안에서 맴돌게 된다. 불만을 토로하기는 쉽지만, 삶의 속도를 조절하고 태도를 변화시키기는 참 어렵기 때문이다. 그래서 많은 사람이 정원의 문 앞에 서서 기웃거리다, 사진 몇 장 찍고는 '참 좋네' 하곤 되돌아선다.

경계를 넘으면, 자신만의 속도를 지닌 작은 세계가 기다리고 있다. 자연 속 리듬에 맞추어 그저 나를 내어주기만 하면 될 일이다. 게다가 정원의 문이 열리고 닫힐수록 우리는 다양한 관계 맺음을 경험한다. 평등하고 동질한 자연 앞에서 우리를 구분 짓는 모든 것을 넘어 기꺼이 마음을 열고 연결된다. 정원 속 경험을 통한 개개인의 회복은 새로운 가능성을 위한 또 다른 문이 된다. 문 너머의 작은 낙원은 언제고 변함없이 풍요롭고 평화로운 모습으로 우리를 기다리고 있다.

치유를 위한 환경

────── 몸이 아프면 약도 먹고 병원에 간다. 하지만 마음이 지쳤을 땐 어디로 향해야 할까. 대부분은 나약함을 탓하거나 그저 참고 하루를

• 경계적 상태란 영국의 문화인류학자 빅터 터너(Victor Tuner, 1920~1983)가 제시한 개념으로, 개인이나 집단이 사회적·상징적 지위에서 다른 지위로 이동하는 과정에서 겪는 '중간 단계'를 의미한다.

견딘다. 그런 하루가 쌓이고 쌓인다. 끝내는 마음의 병이 몸의 병이 되고, 일상이 무너져버린다. 우리가 적절한 돌봄을 받고 있는지, 혹은 너무 가혹한 환경에서 애쓰고 있는 건 아닌지 종종 돌아볼 일이다. 정원만큼이나 우리도 돌봄이 필요하다. 매일 생활하는 공간에 적극적으로 치유 환경Healing Environment을 조성해야 하는 이유다.

치유 환경은 단순히 식물을 많이 배치하여 아름답게 꾸미는 공간이 아니다. 회복을 위해 세심하게 배려된 공간이며, 단절된 삶에서 연결된 삶을 위한 확장된 공간이다. 심리적으로 안정감을 주고 실제로도 안전한 공간이어야 하며 누구나 편안하게 가닿을 수 있어야 한다. 푸른 식물이 자라고, 빛이 고르게 닿으며, 작은 연못 같은 수공간이나 특별한 볼거리가 있으면 공간에 매력을 더하게 된다. 환대 속에서 여러 감각적인 요소가 특별한 경험과 즐거움을 주며 공간이 나를 이끌어 돌본다.

'적당한 거리'는 누구에게나 필요하다. 심리적·물리적인 적당한 거리는 안정감을 주고, 편안히 나를 회복할 수 있는 거리다. 하지만 이것이 단절을 의미하지는 않는다. 사람은 '단절'에서 병이 시작되고, '연결'에서 회복이 시작된다. 치유 환경이라는 것은 나를 새롭게 만들 관계의 가능성을 담은 공간이다. 나의 공간을 존중하되, 일상과 취미를 나누는 활동을 통한 사회적 연결을 지원하는 유기적인 장소가 되어야 한다.

치유를 위한 환경은 고대 그리스의 치료를 위한 신전에서부터 시작해 20세기 세계대전에서 심각하게 몸과 마음이 다친 군인들을 회복시키기 위해 구체화되었다. 현대의 치유 공간은 병원이나 요양원 등과 같이 특정 질병을 앓는 사람을 위한 곳만이 되어서는 안 된다. 도시에 사는 모두를 위해 일상 속에 마련되어야 한다. 아이들이 자라는 학교의 운동장 한켠에, 아파트가 둘러싼 작은 공원 안에, 도심 속 공공의 광장에, 매일 출퇴근하는 사무실에도 치유를 위한 공간이 필요하다. 그곳에서 사람과 사람이 만나고, 깊이 눌러둔 내 감정을 만날 수 있어야 한다. 소통하고 연결하는 공간 안에서 우리는 매일의 회복을 경험할 것이다.

위로하는 정원,
회복의 순간

정말 완벽한 하루예요. 당신과 함께해서 기뻐요. 정말 완벽한 하루예요. 당신은 나를 계속 붙잡아두어요.
(Oh, It's such a perfect day. I'm glad I spent it with you. Oh, such a perfect day. You just keep me hanging on.)

— 루 리드 Lou Reed, 〈퍼펙트 데이 Perfect Day〉 중에서

—— 감미로운 올드팝의 선율과 함께, 삶을 채우는 소소하고 따뜻한 하루에 여운이 남는 영화 〈퍼펙트 데이즈 Perfect Days〉(2024). 주인공 히라야마가 큰 나무 아래 앉아 코모레비 木漏れ日(무성한 나뭇잎 사이로

스며든 햇살)를 바라보는 장면을 보며 나도 따라 나무를 올려다본다.

다른 장면 속, 화장실을 돌며 청소를 하던 히라야마가 엄마를 잃은 아이를 발견하곤 하던 일을 멈춘 채 다정히 아이를 챙긴다. 이내 아이를 찾아 헤매던 엄마를 만나 아이의 손을 건넨다. 아이 엄마는 경계하는 눈빛으로 냉큼 물티슈를 꺼내어 아이 손을 닦는다. 사람이 사람에게 상처를 내는 순간이다. 그 냉랭함에도 주인공은 아이에게 멀찍이 인사를 건넨다. 여전히 따뜻한 웃음을 띠고. 그렇게 덤덤히 일상을 보내다 점심시간에 찾은 사찰 속 나무를 올려다보며 사진을 찍고, 큰 나무 아래 떨어진 씨앗에서 나온 어린 새싹을 소중히 구해 온다. 나무 아래의 시간은 단순한 휴식을 넘어 자연과 깊이 연결되고 일상 속 마음의 상처들이 아무는 순간이다.

아이는 늘 사랑스럽다. 주변을 밝히는 작은 불빛들같이 반짝거린다. 그래서 정원에 아이들이 찾아오면 절로 눈이 간다. 이런 마음은 다 비슷한지, 아이를 보고 빙그레 웃던 할아버지가 다가와 아이에게 인사를 건넨다. 아이 엄마는 어색하게 웃으며 황급히 아이 앞을 가로선다. 모두가 멋쩍다. 나도 이해한다. 세상은 험하고 낯선 이는 두렵다. 세대를 나누고, 성별을 나누며, 지역, 학벌 심지어 취향까지 모든 것에 선을 긋고 경계하는 요즘, 귀여운 아이를 쳐다보는 것도 조심스럽고 서로 이야기를 나누는 것도 수없이 주저하게 된다.

하지만 나는 정원 안에서 세대가 만나 함께 활동하는 모습을 늘 꿈꾼다. 정원의 활동은 모든 세대를 향해 열려 있다. 정원 안에서 모두 친구가 된다. 같은 목표를 향하여 계획을 세우고 힘을 더한다. 함께 땀을 흘리고, 일상을 나누며, 문제를 함께 해결해나간다. 어느새 모든 것을 초월한 끈끈한 동지애가 생긴다. 어른은 삶이 두텁고, 아이는 새롭다. 어른은 삶에서 배운 경험과 지식을 내어주고, 아이는 창조하며 새롭게 세상을 채운다. 노인은 나의 미래고, 아이는 나의 과거다.

심리 치유를 위해 종종 내 안의 세계를 정원에 빗대어 설명한다. 내 안의 정원을 바라보며 나를 이해하고, 가능성을 발견해 가꾸며 마음을 치유하는 방법이다. 마음의 정원에서 나와 현실 속 정원의 문 앞에 선다. 현실의 정원을 돌보며 나의 몸과 마음을 회복하고 세상과 연결된다. 정원의 순간은 감각의 회복뿐 아니라 정서적 안정, 자기 이해, 창의성 증진 등 회복의 경험을 준다. 이런 의미에서 정원은 단순한 경관을 넘어 생리적 회복의 경험을 전달하는 통합적인 치유의 공간이다.

마음의 정원에서 나와 현실 속 정원의 문 앞에 선다. 현실의 정원을 돌보며 나의 몸과 마음을 회복하고 세상과 연결된다.

'함께'의 가치를 배우는
정원 속 아이들

○ ──────────── 정원 안에서 아이는 아이답게 놀고, 신나게 꿈꾸며, 건강하게 자란다. 아이의 이야기는 초록빛 놀이터 안에서 무한히 펼쳐지고, 자연 속의 경험을 통하여 단단한 삶의 바탕을 만든다. 스스로 만들어내는 놀이에서 아이는 내면의 힘을 키우고, 친구들과 함께하는 활동을 통하여 이해와 공동체의 가치를 배운다. 윌리엄 켄트William Kent, 1685~1748는 마치 영원히 살 것처럼 정원을 가꾸라고 했다. 미래세대는 또 다른 나다. 정원이 키워낸 꼬마 정원사들이 자라서 세상을 돌보는 훌륭한 정원사가 될 것이다.

아이를 키우는
정원의 순간

―― 식물이 절로 크는 것 같지만, 정원에서 식물을 키우노라면 그냥 자라는 법은 없다. 빛, 바람, 자리 등 식물에게 적당한 환경을 가려서 맞춰주어야 한다. 거기에 더해 키를 키울 때, 잎을 벌릴 때, 그리고 꽃을 피우고 열매를 맺기까지 적절한 영양소도 주어야 한다. 아이도 그렇다. 건강한 아이의 성장을 위해서는 따뜻한 돌봄과 함께 녹색 비타민이 반드시 필요하다. 아이를 대상으로 한 정원활동이 신체발달을 돕고 정신건강에 이로운 것은 이미 여러 연구결과가 말해준다. 정원은 아이의 전인적인 성장에 필수적인 환경이다.

지나치게 깨끗한 환경이 오히려 면역력을 낮추고 자가면역질환을 일으킬 수 있다는 것이 최근 연구결과의 공통된 결론이다. 대표적인 이론 중 하나인 '위생가설Hygiene Hypothesis'에 따르면 어린 시절 다양한 미생물에 노출되면 면역체계가 발달하고 알레르기 발생 위험이 낮아진다고 한다. 햇볕 아래서 흙을 밟으며 뛰노는 경험을 통해 아이들은 건강해진다. 충분한 햇볕은 비타민 합성에 도움을 주고 몸을 움직여야 하는 정원활동은 체력을 길러준다. 무엇보다도 식물을 만지고 흙에서 뒹굴며 자연 속에 있는 다양한 미생물이 아이의 체내로 흘러들어온다. 장내의 풍부한 미생물이 면역체계를 훈련시키고 면역반응을 적절히 조절한다. 아이의 손과 발이 새까매질수록, 아침에 입힌 깨끗한 옷이 더러워질수록 아이는 더 단단하게 자란다.

다양한 형태의 나뭇잎, 작은 나뭇가지, 돌멩이, 계절마다 피는 꽃과 열매 등 정원에는 아이들의 상상을 자극하는 놀잇감이 널려 있다. 작은 돌멩이 하나가 공깃돌이 되었다가, 얼굴 속의 콧구멍이 되기도 한다. 아이들은 본능적으로 정원을 감각하고 자신만의 보물을 찾아내어 금세 놀이를 만들어낸다. 정원이라는 열린 공간에서 아이들은 자유롭게 탐색하며 표현한다. 정원의 여백이 창의력을 자극하고, 정원 속 소재들을 활용해 누구나 예술가가 된다. 유치원 아동을 대상으로 한 원예활동을 통해 유아의 창의적 사고력에 미치는 영향을 분석한 연구에 따르면, 원예활동에 참여하지 않은 아이들에 비해 지적 발달이 유의미하게 높게 나타났다고 한다. 15주간 이루어진 프로그램에 참여한 아이들은 식물의 성장을 관찰하고, 또래와 협력해 문제를 해결하는 등 다양한 경험을 했다. 이처럼 아이들은 정원의 다양한 활동을 통해 창의력과 표현력을 키우고, 나아가 집중력과 지구력, 추론 능력 등 인지기능 발달에 자극을 받는다.

우리도 그렇지만 특히 요즘 아이들은 한 공간 안에서도 쉽사리 경계를 허물지 못한다. 물론 아이들이 가진 기질 때문이기도 하지만 서로 어울려 노는 것을 참 어색해한다. 그러다 넉살 좋은 아이 하나가 먼저 나서서 이리저리 참견해가며 신나게 놀면, 기다렸다는 듯이 단단했던 경계가 일순간 무너진다. 그 얌전했던 아이는 같은 아이가 맞나 싶을 정도로 활발하게 정원을 누빈다. 특히 또래와 더불어 정원을 가꾸는 경험을 통해 아이들은 '함께'의 가치를 배운다. 아이들은 정원을 돌보며 다양하지만 어렵지 않은 문제들을 맞닥뜨린다. 그러곤 함께 고민하고 의견을 나누며 적절한 역할 분담을 통해 해결한다. 이러한 경험에서 관계의 기술을 배우게 된다.

정원에서 자라는
아이들

——— 정원에서 뛰어놀던 아이가 갑자기 비명을 지른다. 깜짝 놀라 달려가 보니 나뭇잎에 붙은 작은 애벌레에 놀라서였다. 정원에 있던 아이들이 모두 와르르 모여든다. 공포와 호기심을 표정에 담은 아이들, 차마 가까이 가지 못하는 아이들 사이로 나뭇가지 하나를 주어서 콕콕 찔러보는 아이가 나타난다. 그러자 친구를 놀릴 요량으로 개구진 아이 하나가 애벌레를 덥석 잡아 놀래는 아이들에게 들이밀며 연신 깔깔거린다. 작은 애벌레의 출현이 아이들의 놀이에 파장을 일으킨다. 통통한 몸매에 까만점이 있는 애벌레. 자라서 '산호랑나비'가 될 거야 하고 얘기를 해준다. 생명의 신비 앞에서 아이들 눈빛이 빛난다.

신경 써서 자연환경에 노출시키지 못한 대부분의 도시 아이들은 작은 곤충과 동물을 보면 깜짝 놀라 어찌할 줄 모른다. 또 어떤 아이들에겐 작은 곤충이 흥미로운 장난감 같아 곤충을 잡아서 가지고 놀다 죄의식 없이 쉽게 죽인다. 무지에서 비롯한 두려움이고, 생명에 대한 인지 부족으로 나타난 잔혹함이다. 생각지도 못한 다른 생명체와의 맞닥뜨림이 잦아질수록, 아이들은 책에서만 배우던 생명의 다양성을 온몸으로 배운다. 이런 다양한 경험을 통해 지구는 인간만이 주인공이 아님을 절로 이해하게 된다.

생명에 대한 이해와 존중이 그 어느 때보다 중요한 가치인 오늘날, 푸른 지구에서의 건강한 삶을 위한 내일의 씨앗이 정원에서 자라는 아이들 안에서 싹을 틔우고 있다. 아이의 건강한 성장을 위한 초록빛 놀이터가 모든 아이에게 필요하다. 아이를 위한 정원을 조성할 때는 예쁜 정원이 아니라 아이들이 즐거운 정원이 되어야 한다. 아이의 특성과 취향을 반드시 고려해야 하고, 흥미와 요구에 따라 끊임없이 변할 수 있어야 한다. 또한 학습 공간이 아니라 놀이 중심의 공간이 되어야 한다.

식물의 작은 새싹부터 열매 그리고 뿌리까지 모든 부분을 탐색할 자유를 주되 학습적으로 되묻지 말자. 그저 편안히 오감을 열어 정원이 주는 모든 감각을 느끼고 누리게 해야 한다. 번듯한 무엇이 아니라 엉성함과 공백이 있는 정원이면 좋겠다. 아이는 그 안을 스스로 만든 조형 작품으로, 이야기로, 놀이로 채울 것이다. 배움이 아니라 놀이가 될 때 정원은 아이들과 함께 살아 있는 공간이 되어 능동적으로 변화할 것이다. 아이를 위해 만드는 작은 정원은 아이를 키우고, 아이와 함께하는 정원 속 시간은 미래를 위한 희망의 씨앗이 될 것이다.

아이를 위한 정원을 조성할 때는 예쁜 정원이 아니라 아이들이 즐거운 정원이 되어야 한다. 번듯한 무엇이 아니라 엉성함과 공백이 있는 정원이면 좋겠다. 아이는 그 안을 스스로 만든 조형 작품으로, 이야기로, 놀이로 채울 것이다.

우리를 구원하는 것은
결국 자연과 식물이다

○ ──────── 프랑스 출신의 소설가 폴 부르제Paul Bourget는《정오의
악마Le Démon de Midi》(1914)에서 "생각대로 살지 않으면 사는 대로
생각하게 된다"고 했다. 오늘은 내가 보낸 하루가 쌓이고 쌓여 만든
것이다. 세상에 숨길 수 없는 것이 살아온 날들의 흔적이다. 함부로
산 세월도, 애쓰던 날도 오롯이 내게 남았다. 매일의 내 생각과 행동
이 미래가 된다. 하루의 방향은 어디에 있는지, 삶의 밀도는 무엇으
로 채울지 항상 의식하는 매일이 되어야 한다. 나의 꿈은 하늘을 자
유롭게 넘나들어도 내 두 발은 땅에 굳건히 딛고 있기를 소망한다.
내 다리를 간지럽히는 푸른 풀들의 느낌과 나를 받친 땅의 충만함
그리고 나와 함께 선 모든 것을 잊지 않을 때, 내 삶은 의미로 가득
할 것이고 더욱 단단하게 앞으로 나아갈 것이다.

팬데믹의 역설
– 단절에서 연결을 보다

—— 프로그램을 시작하기 전 아이들에게 재료를 건네며 "옆의 친구들에게 하나씩 나누어 줄래?"라고 하자 나를 빤히 쳐다본다. 순간 서로가 당혹스럽다. 그렇다. 코로나 시절을 거치며 아이들은 물건을 나누어 쓰는 법, 돌려쓰는 법을 배우지 못했다. 그렇게 '나누다'는 너무 어색한 단어가 되었다. 물건은 너무 흔한 것이고, 타인과 나누는 중요한 무언가는 '마음'이라는 것을 건너뛴 채, '바이러스'임을 더 자주 호되게 배운 아이들. 비단 아이들뿐만 아니라 나 또한 누군가와 물건을 나누어 쓴다는 것이 참 어색하게 느껴진다. 경제 급성장기에 태어나 자란 세대가 키우는 요즘 아이들은 부모 세대보다 훨씬 풍요롭다. 하지만 삶은 여러모로 더 결핍된 듯해 참 애처롭다.

모든 것이 단절된 팬데믹 기간, 역설적이게도 우리는 연결을 보았다. 사람과 사람 사이, 사람과 동물 심지어 작은 미생물까지도. 이 땅에 살아 숨 쉬는 모든 것이 연결되어 있다는 당연한 사실을 마치 처음 알았다는 것처럼 놀랐고, 새삼 두려웠다. 지구 위 거대하고 촘촘한 생물망 속에 그 누구도 홀로 있지 못한다. 우리 인간만 잘 살면 그만이라는 이기심은 지구를 병들게 하고, 결국 돌고 돌아 우리 모두를 아프게 한다.

우리를 사람답게 해주는 연결과 돌봄이라는 가장 근본적인 가치가 무너진 세상에서 사람들은 갈 곳을 잃고 힘겨워했다. 우리를 짓누

르던 이성이 마비되자 본능이 되살아났고, 사람들은 자연스럽게 숲으로 정원으로 연결되고자 했다. 사람을 떠나 자연 속에 머무는 캠핑이 유행했고, 더 자연스럽고 단순한 삶을 추구하는 사람도 많아졌다. 팬데믹으로 인한 고립과 외부활동 제한으로 대부분의 사람이 자택에 머물게 되며 심신을 달래줄 취미로 가드닝활동이 주목받았다.

정원산업의 발달과 함께 다양한 정원문화가 우리 가운데 싹을 틔우는 중이다. 정원을 돌보는 일은 소수의 취미를 넘어 더 다양한 일상에 스미고 있다. 식물은 모두에게 위로를 준다. 하지만 그 위로가 더 간절한 이들에겐 한 포기의 식물이 주는 다정함은 삶의 동아줄이 된다. 전쟁 중 참호 가운데 채소를 기르던 군인들처럼, 난민 캠프 한가운데 만들어진 작은 정원들처럼. 생사를 오가는 절박한 순간에도 자연과의 연결은 포기할 수 없는 인간의 본성이고, 자연이 주는 위로는 우리를 살리는 힘이 되기 때문이다.

꿈꾸던 오늘,
생각이 만드는 내일

—— 기후위기에 대응할 대책을 마련하기 위한 회의장. 열띤 토론이 오가고 유용한 방안을 찾기 위해 여러 의견이 제시되고 있다. 우리가 직면한 현실이 너무 무겁다. 지구의 종말에 대한 다양한 영화의 경악스러운 장면이 머릿속에 스친다. 이런 주제의 영화가 허구를 넘

어서 등골을 서늘하게 만드는 것은 더 이상 오락물 속 이야기가 아니기 때문일 것이다. 코앞에 닥친 위기에 대처하기 위한 다급한 여러 방안이 제시된다. 탄소중립을 목표로 친환경적인 에너지로 전환하고 탄소를 포집하여 저장하는 방법부터 산업 전반에 걸친 혁신과 기술 협력까지 전 세계가 연대한 공동대응 등이 나온다. 모든 방안이 얼마간 속도를 늦추는 등 도움은 되겠지만, 근본적인 해결방안이 되지는 않을 것이다. 모두 알고 있듯이, 우리 삶의 방식을 리셋Reset 하지 않고서는 말이다.

답답함에 내다본 창밖의 정원에는 한창 꽃이 만발해 있다. 꽃들 사이를 바쁘게 오가는 꿀벌을 느긋하게 바라보다 '꿀벌이 사라지면 어떻게 될까?'라는 데 생각이 미친다. 뒤이어 지구상에 꿀벌이 사라지면 식물은 꽃가루받이(수분)를 할 수 없고, 연쇄적으로 4년 안에 인류가 멸종한다는 말을 들은 기억이 난다. 실은 그렇게 극적인 일은 발생하지 않을 것이다. 식물들은 생각보다 다양한 방법으로 수분을 한다. 꿀벌 외에도 나비와 작은 곤충, 새, 동물 심지어 바람을 통해서도 수분은 가능하다. 물론 꿀벌이 가장 큰 도움을 주기에 많은 식물의 수확에 영향을 줄 것이다. 게다가 꿀벌이 아니라 다른 방법으로 수분이 되는 식물들만 점차 많아지는 등 당혹스러운 현실을 마주하게 될 것이다. 크고 탐스러운 딸기를 맛보지 못하게 되는 참담함은 이미 우리 가까이에 있다.

항상 풍요롭게 누릴 것이라는 장밋빛 환상은 환상일 뿐이다. 내게 주어진 모든 것이 내 것이라는 생각도 대단한 착각이다. 내가 마치

꽃과 곤충. 꿀벌 외에도 나비와 작은 곤충, 새, 동물 심지어 바람을 통해서도 수분은 가능하다. 그러나 전 세계 100대 작물 중 71%의 수분에 관여하는 꿀벌이 사라지면 지구 멸망을 초래할 만큼 인류에게 심각한 위협이 될 수 있다.

내 것인 듯 함부로 써댄 모든 것은 자연에서 잠시 빌려 쓰는 것이다. 사람은 이 땅에 잠깐 스치듯 왔다가 간다. 탐욕스럽고 야심만만한 점유자가 될지, 다정한 수호자가 될지는 나의 선택에 달렸다. 결국 우리는 한 줌의 흙으로 돌아갈 것이고 그 흙의 안녕은 오늘을 사는 나의 행동에 달렸다.

이런 시선을 담아 정원을 보니 내가 그 속에서 하는 일들이 달리 보인다. 지난여름 깨끗한 잎을 보려고 살충제를 뿌리고 깔끔한 정원을 위해 제초제를 뿌리는 일과 같은 것들 말이다. 정원을 잘 가꾸겠다고 부지런히 하는 행동들이 '오만하고 독단적인 행동이 아닐까'라는 질문을 자꾸 스스로에게 던지게 된다. 나 또한 정원에 연결되어 있음을 자주 잊는다. 마음으로는 정원의 모든 순간에 쉽게 동화되면서, 나의 존재는 자주 정원과 분리시킨다. 그저 자연의 섭리를 거스르지 않고 내게 주어진 역할을 충실히 하는 것까지가 내 몫이다.

우리를 위한 구원은
자연을 닮은 우리 안에 있는 것

—— 정원에 관한 관심만큼이나 다양해진 콘텐츠와 함께, 재료로서 다양하고 이색적인 식물 소개는 인기 주제다. 희귀한 식물이 호가를 치며 식테크(식물+재테크)란 신조어까지 나오게 되었다. 조금 더 특별한 것, 더 희귀한 것을 찾는 사람들이 마치 아주 작은 강아지,

눈동자 색이 특별한 고양이를 찾듯이 식물의 잎이 특이하거나 희귀한 색상의 식물을 찾고 또 만들어냈다. 그렇게 식물은 희소성에 따라 가치가 매겨졌고, 새로운 재테크 수단이 되었다. 특별한 식물을 어떻게 번식하여 얼마에 팔 수 있는지 알려주는 콘텐츠를 볼 때마다 인간의 끝도 없는 욕심을 보는 듯해 어쩐지 조금 불편하다.

실내 식물의 역사가 식물 수집의 역사와 맥락을 같이 한다지만 식물이 재산이 되지는 않기를 바란다. 독거노인에게 건넨 화분 속 식물은 외로운 일상에 찾아든 다정한 벗이 되고, 병원에서 치료 중인 환자가 원예활동을 통해 가꾸는 꽃 한 송이는 생명을 향한 희망이 된다. 또 팍팍한 일상을 사는 누군가에겐 작은 즐거움이 될 것이다. 물건이 아니라 생명으로, 소유가 아니라 진정한 의미의 반려이면 좋겠다. 그래야 진정한 연결과 돌봄이 서로에게 닿지 않을까.

끝이 없어 보이던 팬데믹을 지내며, 모두가 삶의 온기를 찾아 헤맸다. 마스크는 벗었지만, 팬데믹은 오늘도 조용히 진행 중이고 언제고 다시 드러낼 틈새를 노리고 있을 것이다. 이런 현실에서, 존재의 긍정과 미래에 대한 희망을 찾는 일은 암담한 현실을 살 수 있는 용기가 되어준다. 팬데믹 시절 읽은 김초엽의 《지구 끝의 온실》(2021)에서 멸망 직전까지 내몰린 인류가 처한 상황과 그것을 극복하는 단서를 자주 되짚어 생각한다.

"말도 안 되는 일을 계속 벌이는 것 자체가 우리를 그나마 나은 곳으로 이동시키는 거야"라는 문장이 읽으며, '정원이 세상을 구할 수 있을까'라는 상상을 했다. 그 이후로 이 상상은 내게는 하루를 움직이는 꿈이자 나를 키운 이 세상을 위한 행동의 방향이 되었다. 정원은 자꾸 팽창하고 앞으로 나아가기만 하는 세상을 둘러싼 최후의 보루다. 우리가 삶의 가치를 잃지 않고 사람답게 살아갈 수 있는 가장 강력한 힘이며, 극단으로 치닫지 않도록 붙잡아주는 균형추다. 결국 우리를 위한 구원은 서로에 대한 감응을 통한 돌봄이다. 아름다울 미래에 대한 꿈은 오늘 내가 사람들과 함께 나눈 일상에 있고, 자연과의 연결을 통해 실현될 것이다. 우리에게 선물처럼 주어진 정원을 돌보고, 정원을 통해 세상을 돌보며 자연에 닿은 본성을 회복해야 한다.

Part
5

정원유희

정원을
잘 즐기는 법

garden + ing = gardening,
진정한 정원의 위로는 행동 속에 있다

○ ─────────── "정원을 가장 잘 즐기는 방법은 뭘까요?" 사람들은 종
종 내게 정원을 잘 즐기는 방법이 무엇인지 묻는다. 정원은 그 자체
로 즐거움인데, 어떻게 하면 잘 즐기기까지 할 수 있을까 고민을 해
본다. 가장 쉽게는 잘 만들어진 정원이나 쇼가든을 방문하여 정원
가의 사유를 따라 감상을 즐길 수 있다. 나아가 활동에 참여하거나
정원에서 이루어지는 다채로운 이벤트를 경험하는 것도 좋은 방법
이다. 하지만 지속적인 관계 맺음을 해보면 어떨까. 아리스토텔레
스가 말했듯이, 제비가 하늘을 날고 잠깐 날이 화창하다고 해서 여
름이 온 것은 아니다. 잠깐의 경험이 행복감을 줄 수 있지만 삶을
관통하는 행복은 지속적인 경험과 실천에서 나온다.

흔들리는 마음을 붙잡아준
흙을 쥔 손

———"또 오셨네요?" 거의 매주 프로그램에 참여하는 은영 씨를 향해 반가운 인사를 건넨다. "네, 올해는 마지막일 것 같아서 서운해요. 휴가를 다 써버렸어요." 평소에는 조용하던 은영 씨가 한동안 못 올 생각에 아쉬워서 그런지 조근조근 자신의 이야기를 하기 시작한다. 처음에는 '가드닝센터'가 도대체 뭐 하는 공간인지 궁금해서 와봤단다. 근래에 많이 생기는 정원카페처럼 공간 안에 정원을 예쁘게 만들어놓고 차를 마시는 곳인가 했다고.

그러다 사람들이 식물을 심고 웃으며 얘기하는 모습을 보곤 궁금증이 일었다고 한다. 저 단순해 보이는 행동이 뭐가 그렇게 재미있을까. 그래서 한번 신청해본 프로그램이 반년이 넘는 시간을 매주 이곳으로 이끌었다고 한다. "제가 한창 힘들 때였어요." 담담히 얘기를 잇는다. "모든 사람의 말이 날 서 있는 송곳처럼 저를 찌르는 것만 같았고, 매일 의욕도 재미도 없었어요. 회사도 대충 다니며 언제 그만둘까, 그만두면 또 무엇을 해야 하는지 매일 출구 없는 미로 속을 헤매는 느낌이었죠."

은영 씨가 처음으로 참여한 프로그램은 이끼볼 만들기였다. 너무도 낯선 흙과 이끼의 감촉을 잊을 수가 없었다고 했다. 폭신하고 녹진한 흙의 감촉과 냄새는 생각과 달리 너무 기분 좋은 느낌이었고 자꾸 생각났다고. 게다가 집중하는 그 순간은 자신을 괴롭히던 여러 생각을 잠재워주어서 좋았다 한다. "가장 좋은 건, 집에서 아침저녁으로 식물을 돌볼 때예요. 들여다보며 가볍게 스프레이를 해주는 그 잠깐의 순간이 엄청난 위로를 주더라고요. 건강한 식물을 보면 어쩐지 저도 괜찮다는 안도감이 들었어요."

사실은 몰랐다. 얘기하기 전까지 상대방에 대해 일부러 묻지 않기도 하지만, 정원활동을 함께 하다 보면 상대방이 누구인지가 중요하지 않기 때문이다. 그저 순간을 공유하고 협력할 뿐이다. 그렇게 은

가드닝 프로그램에서 만든 이끼볼. 폭신하고 녹진한 흙의 감촉과 냄새를 느끼며 집중하다 보면 온갖 상념이 사라진다.

영 씨는 이끼볼로 시작하여, 계절식물을 만나고 작은 정원을 손수 가꾸기 시작했다. 말수가 적던 은영 씨가 밝게 웃으며 먼저 인사하고, 작은 경험을 나누고, 기꺼이 돕고 도움을 받으며 스스로를 회복해갔다. 결국 좋은 자리로 승진하여 조금 바빠지기는 했지만, 내년에 새로운 연차가 생기면 다시 오겠다고 웃으며 헤어졌다.

몰입이 주는 위로

—— 클레마티스의 가느다란 줄기랑 씨름하다 흘깃 본 시곗바늘에 하던 일을 멈추고 다시 시간을 확인해본다. 어느새 30분이 훌쩍 지나 있다. 얼마 전 클레마티스를 하나 정원에 들였다. 끝부분이 핑크빛으로 물든 초록색 겹꽃잎이 활짝 피면서 하얗고 탐스럽게 피어나는 '미도리Midori'라는 품종이다. 덩굴성식물이라 타고 올라갈 수 있는 격자형 펜스나 담장에 기대어 키우면 봄가을로 풍성히 꽃을 보여줄 것이다.

식물에 기대어준 지지대가 조금 틀어지면서 갈 곳을 잃은 줄기가 아래로 떨어져 있는 걸 발견한 터이다. 지지대를 다시 단단히 세우고 꽃망울이 매달린 줄기가 부러질까 조심히 다시 감아주는 단순한 일이었다. 느낌으로는 잠깐의 순간이었는데 시계를 보니 어느새 시간이 훅 지나가버렸다. 흐려진 시간의 감각 사이에는 오직 내겐 클레마티스의 여린 줄기와 곧 활짝 필 꽃들뿐. 나를 붙잡던 다른 생각들은 끼어들 틈이 없었다.

애써 의식하고 시간을 확인하지 않으면 아마 한나절도 한순간이 될 터이다. 클레마티스의 지지대를 고정하고 나면 그 옆 장미의 안부를 묻지 않을 수가 없다. 병충해에 취약한 장미를 위해 가시도 아랑곳하지 않고 곳곳을 세심하게 살핀다. 아름다움은 다 제 것인 듯 우아하게 필 장미를 상상하면 마음이 벌써 그득하다. 꽃 몽우리가 몇 개나 생겼는지 세며 내게 주어질 행복의 개수를 가늠해본다. 다음은 장미 뒤의 수국 차례다. 넓은 잎 사이를 들여다보니 연둣빛 어린 꽃 잎들이 활짝 피어날 준비 중이다.

내게 주어진 다양한 업무를 하다 머리가 무겁고 눈이 아파지면 모자를 쓰고 정원으로 나온다. 정원은 늘 손길이 필요하기에 어디든 자리를 잡고 눈앞에 보이는 일을 해나간다. 시든 잎을 따주고, 잡초를 뽑고, 파헤쳐진 흙을 다시 돋아준다. 이 단순한 일들이 주는 감각에 순간적으로 몰입하게 된다. 그렇게 오롯이 감각에만 집중하는 시간이 지나고 나면 몸도 마음도 한결 가벼워진다. 마음에 켜켜이 쌓인 감정의 찌꺼기들을 투박한 손으로 쓱 닦아주는 듯하다.

놀이가 되는 정원

―― 프로그램 사이 간식으로 준비한 수박을 먹던 아이들이 수박 씨를 가지고 놀기 시작한다. 아이들 놀이에 근처에 있던 엄마, 아빠

한둘이 멋쩍게 참여하더니 세대를 넘어 열띤 내기가 되었다. 처음 종목은 얼굴에 씨를 얹는 것이다. 확실히 노련한 아빠 승. 다음은 멀리 뱉기다. 체면은 치우고 수단 방법을 가리지 않던 아이가 이긴다. 별것도 아닌 놀이에 모두 신이 나서 큰소리를 내며 웃는다. 그리기를 좋아하는 아이들은 수박씨를 도화지에 놓고 그림을 그리기 시작한다. 작은 수박씨 하나가 개미도 되었다가 올챙이도 되었다가 한다. 씨앗 안에 깃든 무수한 가능성만큼이나 씨앗을 가지고 할 수 있는 놀이는 무궁무진하다.

"이 씨를 심으면 수박이 열릴까요?" 누군가 묻는다. 순간 아이들의 눈빛이 반짝 빛이 난다. 누가 잡기라도 하는 양 우르르 정원으로 모두 뛰어나간다. 적당한 자리를 찾아 정원 한쪽에 수박씨를 심고 조심스레 흙을 덮어준다. 어떤 아이는 집에 가서 심어본다며 수박씨를 소중하게 싸서 주머니에 넣는다. 벌써 수박을 어떻게 돌보고 나눠 먹을지 이야기를 주고받는 아이들. 작은 수박씨 하나가 아이와 정원을 잇고, 가족과 세상을 잇는다.

정원은 놀이다. 그것도 나를 내려놓고 한바탕 신나게 노는 놀이. 정원에 서면 누구나 아이가 된다. 작은 순간에 감탄하고, 서슴없이 마음을 드러내며, 재잘재잘 말이 많아진다. 정원에서 발견할 수 있는 놀이의 수는 매일 새롭게 생겨난다. 돌멩이도, 흙도, 식물도 하물며 날씨도 놀이가 된다. 정원은 스스로 즐겁게 감각하고 경험하며 노는 곳이다. 놀이하듯 즐겁게 하는 정원활동에서 매일 우리는 삶에 행복을 차곡차곡 쌓아간다.

도심 속에 있는 가드닝센터에서
일상의 휴식을 만난다

○ ─────────────── '정원이 안아주는 일상, 가드닝센터에 오신 여러분을
환영합니다.' 프로그램을 시작하며 인사를 건넨다. 출입문을 열자
만나는 정원의 빛과 향기에 이미 마음이 풀어진 이들은, 마치 정원
의 품에 기댄 것처럼 평온하다. 어린아이들부터 나이 지긋하신 어르
신까지 가드닝센터에 들어서면 모두 금세 표정이 밝고 편안해진다.
사람들의 얼굴을 바라볼 때면 가드닝센터의 문은 마치 다른 차원
의 세계를 가르는 신비한 장막인 듯 느껴진다. 모두가 문밖의 세상
과는 다른 곳에 온 듯, 따뜻하고 편안한 분위기에 몸과 마음을 연다.

연결과 쉼이 있는
가드닝센터

────── "가드닝센터가 대체 무엇을 하는 곳이죠?" 가드닝센터에서 가장 많이 받는 질문이다. 처음 이곳을 방문한 사람부터 거의 매일같이 오시는 분도 문득 내게 묻는다. "무엇을 하는 곳 같으세요?" 하고 되물어보면, '정원 만드는 곳', '정원에 대해 배울 수 있는 곳', '정원 안에서 쉴 수 있는 곳' 등 여러 대답이 돌아온다. 모두 맞다. 실은 질문하는 이의 가드닝센터를 즐기는 방법이고, 기대하는 모습일 것이다. 가드닝센터는 정원에 관한 모든 것을 한다. 정원을 만들고, 정원을 만들 수 있게 도와주며, 함께 활동하고 나누는 곳이다. 정원을 주제로 하는 큰 이벤트부터 일상의 소소한 성장과 쉼을 제공한다.

정원문화를 만들고 향유하는 것만큼이나 센터운영에 중점을 두는 것은 모두에게 정원 안에서 온전한 삶을 누리게 하는 것이다. 아이부터 노인까지, 모든 세대를 관통하는 효용이 가드닝센터에 있다. 마음껏 느끼고 생각하며 몸과 생각을 풀어놓을 곳이 누구에게나 필요하다. 아이들은 마음껏 뛰놀고 표현할 곳이 필요하고, 그건 청년도 어른도 마찬가지다. 언젠가부터 놀이가 미안한 일이 되어야 하는 세상이 되었고, 아이부터 어른까지 편히 놀 공간을 찾기가 어렵다.

어린아이와 함께하는 가족은 갈 곳이 많지 않다. 집에서 조금만 떨세라면 바로 아랫집 눈치를 봐야 한다. 놀이터에서도 인근 세대에 방해가 되지 않게 큰 소리를 내서는 안 된다. 심지어 세상이 험해 밖에서 혼자 노는 것도 위험한 일이 되었다. 지역 내 아이들은 가드닝센터에서 뛰놀며 자란다. 자연 속에서 사계절이 놀이가 되고, 정원의 모든 것이 놀잇감이 된다. 잡초도 뽑고, 열매를 따며, 곤충을 관찰한다. 뒤뜰에서 비행기도 날리며 내 마당인 양 신나게 누빈다. 아랫집 눈치 보지 않고 신나게 뛴다. 그리고 집에 돌아갈 때는 작은 손에 식물 친구를 꼭 쥐고 돌아간다.

청년들은 그야말로 놀 데가 없다. 놀이터에 갈 수도 없고 동네 공원에 앉아 있기도 멋쩍다. 꿈과 삶을 막 시작하는 그들에게도 쉼이 필요하다. 가드닝센터는 일상의 생기를 되찾고 삶의 아이디어를 얻으며 함께 일을 도모할 동료를 만나는 플랫폼이 되어준다. 다양한 세대와 함께하는 정원활동과 자연을 통해 삶의 가치와 태도를 배운다. 은퇴 후 시간 여유가 생긴 어르신도 마찬가지다. 센터에서 정원을 가꾸며 새롭게 삶을 누리고 지역사회를 위한 지혜와 봉사를 나눈다. 정원에서 기타도 치고, 책을 읽고 사람들과 이야기를 나누며 일상을 채워간다. 이렇듯 가드닝센터는 세대와 목적을 넘어 사람이 모이는 공간이 되고, 센터는 사람들의 다양한 이야기로 매번 다르게 꾸려진다.

가드닝센터
소개와 이용법

—— 수목원정원법[10]에 따르면 정원이란 식물과 정원의 시설물 등

을 조화롭게 배치하고 지속적으로 관리하며 가꾸는 곳이다. 아름다운 경관을 만들고 추구하며, 환경에 이로운 곳을 조성하고, 치유와 교육의 기능을 갖고 문화의 기능을 발휘할 수 있도록 한다. 이러한 정원과 정원문화 및 산업을 지원하기 위해 각 공공기관은 정원지원센터를 조성해 운영한다. 정원문화를 확산하고 역량을 강화하기 위해 관련 기술의 연구개발, 정원산업을 위한 자료수집·보존·전시까지 다양한 부분을 지원한다. 또한 체험부터 정원교육과 취·창업에 이르기까지 복합적인 기능을 수행하고 있다.

외국 사례에서도 정원 관련 센터는 비슷한 기능을 담당하고 있으며 활동 주체와 목적에 따라 다양한 특색이 있는 센터를 찾을 수 있다. 운영 주체 또한 공공기관에서 직접 관여하는 모델부터 지역주민과 비영리 단체가 주체가 되는 곳, 민간기업 및 협회 등 운영 형태와 주체가 다양하다. 반면 북미나 유럽 등과 달리 정원산업의 역사가 길지 않은 우리나라는 공공기관에서 직접 운영하는 곳이 많다. 현재 공공기관 주도로 비슷한 기능을 하며 가드닝센터, 정원문화힐링센터, 정원지원센터 등 다양한 명칭으로 활발히 운영 중이다.

가드닝센터는 정원문화 확산의 거점이자 복합 문화공간이다. 정원문화를 지속적으로 확산하기 위해 가드닝센터에서는 교육 및 문화사업에 중점을 둔다. 센터에서 이루어지는 다양한 교육과 활동을 통해 체험과 학습 그리고 정보 공유가 일어난다. 가볍게 정원문화를 즐길 수 있도록 홈가드닝을 위한 원예교육을 하고, 초보자를 위해 계절 식물을 화분에 심고 길러보며 식물과 점차 친해지는 기회를 전한다. 본격적인 정원생활을 위한 정원사 교육도 준비되어 있다. 초보 가드너를 위한 입문교육부터 식물생리학, 토양학, 정원디자인, 시공과 유지관리 등 다양한 분야를 아우르는 심화교육을 통해 누구나 정원사로 다시 태어날 수 있다. 정원을 함께 만들고 돌봄을 통한 관계의 가능성을 넓히고, 정원의 역사, 미학, 문학 등 인문학 교육을 통해 삶의 깊이를 더한다.

특히 센터의 정원은 도시를 푸르고 아름답게 채워준다. 여가와 생태교육을 위한 장소이자 도시생물을 위한 안전한 서식처뿐만 아니라 파편화된 자연공간을 잇고 기후위기에 대응하는 작은 탄소저장고가 된다. 무엇보다도 누구나 생활 가까이에서 자연이 주는 유용함과 아름다움을 누릴 수 있는 보편적인 복지공간이 된다. 가드닝이라는 것은 모든 세대 그리고 다양한 조건의 사람 모두를 위한 일이고 응당 누구나 누려야 할 일이다. 가드닝센터의 공간 곳곳은 건강한 사람부터 몸과 마음의 장애가 있는 사람까지, 아이부터 노인까지 모두를 위한 공간이다. 물리적으로도 안정적으로 조성되어 있고, 보행 약자를 위해 장애물을 없앴다. 특히 약자를 위한 공간으로 더 낮고 넓게 문을 넓혀 누구나 누릴 수 있는 곳으로 운영되고 있다.

초록 실험실

—— 지역 안의 가드닝센터는 모두를 품어 키우는 곳이고, 연결의

중심이다. 가드닝센터 안에서 자연과 예술, 생활과 과학이 경계를 넘어 융합되고 지역의 이야기를 담아 새로운 정원문화를 만들어낸다. 정원스케치, 식물세밀화, 한국화, 일러스트부터 콜라주Collage까지 다양한 기법과 재료를 사용하여 정원과 식물을 표현한 예술작품이 차례대로 가드닝센터의 벽면을 채운다. 프로그램에 참여하러 온 사람들을 위해 식물화가의 전시를 열고 순간의 느낌을 표현할 수 있도록 종이와 채색도구를 둔다. 계절에 맞는 향과 노래를 선곡하여 공간 곳곳에 배치한다. 자연과 어우러진 다감각적인 공간에서 누구나 감성의 자극을 받는다.

아이들을 위해선 작은 모종삽과 물조리개, 루페, 분필 등을 두어 정원이 실험실이자 놀이가 되게 돕는다. 정원에서 읽으면 좋을 법한 서적을 소개하고, 사진을 찍어보며 일상을 새롭게 발견해본다. 정원에서 수확한 허브며 채소를 가지고 요리를 하며 생활을 풍요롭게 가꾸는 법을 나눈다. 기후위기에 대응하는 식물의 가치를 배우고 환경을 위한 가드닝을 해본다. 자연이라는 가장 기본적인 바탕에 다양한 가치가 켜켜이 쌓인다. 누구도 소외시키지 않는 정원에서의 경험을 통해 안정감 있는 삶과 연결되고 일상을 회복하게 된다. 모든 생을 아우르는 정원의 일은 누구나 쉽게 참여할 요소가 있고, 함께할 수 있는 접점은 무수히 많다.

모두의 삶에 던진 잔잔한 질문에 사람들은 열렬히 답을 해온다. 삼삼오오 모여 정원을 관찰하고 함께 시로, 그림으로, 자수로 표현한다. 정원에서 읽은 글귀를 적어 다른 이를 위해 슬며시 올려둔다. 정원사 교육에 모인 초보 정원사들은 공공의 정원을 돌보기 시작한다. 누가 시키지도 않고 다른 보상이 주어지지도 않는데, 한낮에 땀을 흘려가며 애지중지 정원을 돌본다. 그렇게 귀한 돌봄을 받은 정원은 새들의 놀이터가 되고 지친 숨을 쉬어가는 쉼터가 된다.

공동체의 적극적인 참여로 지역사회의 다양한 문제를 발견하고 함께 해결책을 찾아내는 방법을 생활 속 실험실, '리빙랩Living Lab'이라고 한다. 가드닝센터는 도시 속 살아 있는 초록 실험실이다. 공공기관이 운영하는 공간에 전문가들이 모여 공간을 구성하고 기획한다. 하지만 해를 거듭할수록 공간은 지역의 특색과 지역주민의 이야기로 채워지게 된다. 서울 시내의 25개 자치구만 하더라도 생활인구의 구성 및 지역의 특색이 뚜렷하다. 가드닝센터는 지역주민의 요구와 참여 그리고 지역의 이야기에 맞게 점차 변모할 것이다.

2025년 기준 국가정원 2개와 지방정원 14개, 그리고 민간정원 161개가 산림청에 등록되어 있다. 거제 한·아세안 국가정원, 충남 안면도 국가정원 등 현재 조성 중인 곳까지 더하면 그 수는 앞으로도 계속 늘어날 예정이다. 이에 더해, 정원문화를 누리기 위한 정원 관련 센터가 곳곳에서 운영 중이다. 그야말로 우리는 유례없는 정원 르네상스 시대에 살고 있다. 이미 곳곳에 가드닝센터가 있고 많은 이가 이곳을 통해 정원과 만나 정원문화를 누리고 삶을 건강하게 회복했다. 아직은 낯선 가드닝센터가 우리 삶에 깊숙이 들어올 때, 그야말로 우리는 정원의 숨에 기대어 온전한 쉼과 삶을 누릴 수 있을 것이다.

가드닝센터는 세대와 목적을 넘어 사람이 모이는 공간이 되고, 센터는 사람들의 다양한 이야기로 매번 다르게 꾸려진다. 모든 생을 아우르는 정원의 일은 누구나 쉽게 참여할 요소가 있고, 함께할 수 있는 접점은 무수히 많다.

동네정원, 이웃정원사가 만드는
선한 영향력은 점점 커진다

○───────── 내 삶의 의미는 내가 만드는 것이다. 내가 걷는 한걸음의 흔적이 닿고 닿아 결이 되고 방향이 된다. 내 삶의 방향이 세상을 향하고 사람을 향할 때, 나를 넘어 세상에 궤적을 만든다. 작은 골목에 초록색 발자국을 더해 새로운 길을 내는 사람들이 있다. 시작은 작은 화분에 핀 꽃 한 송이다. 혼자 보기 아까워서, 함께 나누고 싶어서, 타인을 향한 선한 마음에 세상은 곧 대답을 해온다. 한두 사람으로 시작한 작은 행동에 공감한 사람들의 발자국이 더하고 더해져 결국 길이 된다. 푸른빛으로 환해진 골목은 도시의 결을 만들고, 누군가를 위한 선행은 내게 되돌아와 삶을 의미로 가득 채워준다.

평범한 이웃이 만들어내는
골목길 정원

—— 이른 봄, 정원사 교육을 시작하는 날. 본격적인 프로그램에 앞서 모두 모여 다짐을 한다. 이웃을 위한 정원사가 되자고, 가드닝을 통해 나를 돌보고 이웃을 돌보며 세상을 돌보겠다고 서로 약속한다. 첫 프로젝트는 우리 동네 꽃피우기. 사는 동네가 각기 다른 '이웃정원사'들이 모여 어느 곳에, 누구를 위해 꽃을 심을지 고심하며 육묘판에 작은 백일홍 씨앗을 심었다.

'초등학교에 나눔한 백일홍이 꽃을 피웠어요.'
'주민센터 앞 화단에 분홍 꽃이 피었네요.'
'동네 공터에 심었는데 무사히 꽃을 봅니다.'
'집에서 기르다 꽃이 필 것 같아서 밖에 내놓았어요.'

두 달 후, 싹을 틔워 나는 백일홍의 근황이 속속 도착한다. 보내준 사진에는 알록달록한 백일홍 꽃이 곳곳에서 활짝 피어 있다. 번듯한 화단이 아니라 잡풀이 우거지고 삭막한 시멘트 담 근처에서 피었지만 백일홍은 백일홍이다. 쨍한 분홍빛이 곱게 빛난다. 백일 동안 꽃이 피어 백일홍이라 붙여진 이름처럼, 오랫동안 그 자리에서 오가는 사람들의 일상과 만날 것이다. 누군가는 꽃을 보며 계절을 떠올리고, 누군가는 잠시 고단함을 잊을 것이며, 또 누군가에겐 그리운 엄마를 만나게 할지도 모를 일이다. 또 누가 아는가, 백일홍 옆에 다른 친구가 슬며시 찾아올지.

미국 클리블랜드의 한 가난한 이민자 동네. 베트남 소녀 킴이 아버지를 추억하며 몰래 심은 강낭콩을 시작으로 지역주민이 하나둘 식물을 심어 가꾸어나간다. 소외되고 삶의 벼랑에 내몰린 사람의 손길을 통해 이내 버려진 공터가 푸르게 되살아나고 희망을 되찾는 장소로 탈바꿈해나가는 《작은 씨앗을 심은 사람들^{Seedfolks}》¹¹의 이야기처럼, 동네 골목길 누군가를 위해 슬며시 내놓은 화분 하나는 또 다른 화분을 부르고 점차 골목을 푸르게 바꾼다.

나는 그저 조용히 씨앗을 심었을 뿐인데, 그 작은 행동이 이렇게 많은 사람을 끌어들일 줄은 몰랐다.

　　　　　　　　　　　－ 폴 플라이쉬만Paul Fleischman, 《작은 씨앗을 심은 사람들》

가드닝은 그렇다. 언어도 다르고 상처도 다르지만 흙을 고르고 씨앗을 심고 돌보는 과정을 통해 이해와 치유의 경험을 나누게 된다. 우리를 구분 짓는 것들을 초월하여 모두에게 닿는다. 이웃을 위한 정원사의 작은 씨앗 하나가 틔운 싹은 일상에 잔잔한 감흥을 주고, 하나둘 생겨난 화분이 준 경험은 선한 경쟁심을 불러일으킨다.

우리 동네 꽃피우기 프로젝트로 심은 백일홍이 두 달 후 동네 곳곳에 피어났다. 백일 동안 피고 지어 붙여진 이름처럼, 오랫동안 그 자리에서 오가는 사람들의 일상과 만날 것이다. 쨍한 분홍빛 이 곱게 빛난다.

모두를 위한 정원이
나에게 위로를 건넨다

──── 정원이란 본래 담을 두른 개인의 영역이었다. 그러나 사회의 변화에 맞추어 정원은 도시민을 위해 담을 허물고 공공을 위한 곳이 되었다. 도시 안 공공의 정원은 경계를 없애 누구나 정원을 누릴 수 있도록 하고, 경험하고 활동하며 회복할 수 있는 공간이다. 정원 속 우거진 나무들은 도시의 소음과 열과 빛을 흡수해준다. 식물들 또한 오염물질을 정화해주며 우리의 감성을 어루만진다. 이렇듯 도시 속 정원은 삶의 쾌적성을 높인다. 정원은 사람들을 불러 모으고 여러 활동을 만들어낸다. 사람들은 정원을 통해 서로를 알고 이해하며 지역 문제를 함께 고민한다. 동네의 정원은 주민들에게 소속감과 더불어 지역에 더 애착을 갖게 한다. 자연을 삶 가운데 두고 돌봄과 나눔, 연결의 가치를 배우고 실천하는 장이 된다.

도시민을 대상으로 한 연구에 따르면 도시에 녹지 면적이 많을수록 일상의 스트레스와 우울감이 줄어드는 등 정신적인 건강상태에 긍정적인 영향을 준다고 한다. 거주지 인근에 있어 자주 이용할 수 있는 공원일수록, 공원 안에 다양한 경관과 휴게시설, 여가시설 등을 갖추어 이용하기 쾌적할수록 행복 수준이 높았다. 최근 세계의 여러 나라를 대상으로 한 도심 내 녹지 비율과 시민 행복도에 관한 연구결과[12]에서도 도심 내 녹지 비율은 도시민의 행복에 큰 영향을 미쳤다. 모든 국가의 일관된 결과를 통해, 녹지에 대한 효용과 갈망은 몇몇 나라에 국한된 일이 아니라 전 세계적인 방향임을 볼 수 있었다. 특히 선진국일수록 녹지 면적이 경제성장보다 시민들의 행복에 더 크게 기여한다는 결과가 나왔다.

시민들의 정원에 대한 관심과 요구에 힘입어 많은 정원이 생겼고, 생겨나는 중이다. 지역을 달리하며 매년 개최되는 정원박람회를 통해 도시 곳곳에 개성 있는 정원이 만들어졌다. 사람들이 많이 모이는 광장에도, 보행로 한켠의 삭막하던 가로수 아래도, 보도블록이 열리고 정원이 들어섰다. 건물의 벽에도, 옥상에도, 도시의 틈 곳곳에 작은 정원이 만들어지는 중이다. 앞으로 이 많은 정원을 어떻게 관리할지가 우리의 손끝에 달렸다. 공공의 주도로 만든 모두를 위한 정원을 관리 인력에만 맡겨둔다면 정원은 그 특유의 감각을 쉽게 잃을 것이다. 우리에게 주어진 정원을 내 것처럼 받아들여 관심을 갖고 꾸준히 돌볼 때, 정원이 안아주는 일상이 내 곁에 있을 것이고 지속적인 정원문화가 우리 곁에 남을 것이다.

정원박람회가 끝나고 떠들썩하던 인파가 물밀듯이 빠져나간 자리, 그간 시달린 정원이 고요히 남았다. 관심과 지원이 사라진 그때, 앞치마를 두르고 넓은 챙모자를 쓴 한 무리의 사람들이 나타난다. 정원을 통해 스스로를 돌보고 나아가 이웃을 돌보는 이들이다. 쓰러진 줄기를 일으켜 세우고, 밟힌 자리를 메꾼다. 정원을 다독거리는 손길이다. 모두를 위한 지속적인 돌봄과 나눔을 통해 정원은 늘 여전한 모습으로 우리 곁에 남고, 이 정원은 다시 도시와 시민을 돌볼 것이다.

공동체의 회복

——— 시민정원사, 이웃정원사, 초록정원사, 정원사친구들 등 인근 지역민으로 구성된 다양한 정원사 모임이 전국적으로 활발히 활동 중이다. 함께 모여 공공을 위한 정원을 조성하고 지속적으로 유지·관리를 한다. 전국 곳곳에서 개최되는 다양한 정원 관련 문화행사 및 박람회 등도 시민정원사의 참여 없이는 불가능하다. 정원 해설과 치유 프로그램 진행 등과 같은 적극적인 교육 및 봉사 활동을 통해 일반 시민에게 정원을 소개하는 전달자 역할도 톡톡히 해낸다.

그러나 무엇보다도 이들이 빛나는 순간은 지역사회를 위한 헌신에 있다. 빈자리를 찾아내 작은 정원을 꾸미고 돌보며 이웃과 함께한다. 이들이 주는 선한 영향력은 이내 지역공동체를 회복시킨다. 때론 나를 위한 일이 모두를 위한 일이 될 때가 있다. 가드닝을 하며 즐겁고, 일상에 활기를 되찾고, 몸과 마음을 어루만지는 지극히 나를 위한 시작이었을지언정 내가 가꾼 작은 정원에 사람들이 찾고 이야기를 나누게 되며 도시가 풍요로워지는 경험을 하게 된다. 그야말로 자리이타自利利他 정신의 실천이다.

강원도의 한 시골 마을. 도시재생센터에서 마을정원사 교육을 진행하며 정원식물을 나누어 심은 적이 있다. 마을주민 대부분이 정원을 가꾸는 일엔 그다지 관심도 없고 오히려 탐탁지 않게 여기셔서 소수의 인원만이 참여한 교육이었다. 이미 농사에는 도가 트신 분들인데도 생소한 정원식물을 보며 무척 즐거워하셨고 적은 인원이지만 공공의 정원을 만드는 일에 꽤나 열의를 보이셨다. 특히 하늘매 발톱을 좋아하셔서 다양한 품종을 가져와서 보여드렸다. 몇 년이 지난 후, 우연히 다시 찾은 그곳은 지난번 내가 알던 곳이 아니었다. 많은 곳이 담을 낮추었고, 집집마다 다양하게 조성된 정원에는 하늘매 발톱이 풍성히 피어 있었다. 솜씨 좋은 손길로 조성된 번듯한 정원부터 문밖에 내놓은 플라스틱 화분까지, 수업재료로 사용한 많은 식물이 곳곳에서 자라고 있다. 몇몇이 시작한 가드닝에 대한 열정은 열병이 옮듯 그렇게 마을 전체로 번졌고, 씨앗과 함께 나눈 서로에 대한 관심과 믿음이 마을 곳곳을 생기로 가득 채웠다.

새봄, 가드닝센터 앞 정원이 동네 아이들 소리로 부산하다. 오랫만의 소란스러움에 새들이 놀라 일제히 날아오른다. 아이들 소리가 반가워 서둘러 나가보니, 아직 찬 기운이 있는데도 아이들은 아랑곳하지 않고 흔들그네를 타고 정원 안을 연신 뛰어다닌다. 지역의 학생과 전문기관이 센터 안에 함께 만들고 이웃정원사들이 돌보는 생태동행 정원인 '안녕정원'이다. 정원이 조성되자 늘 그곳에 정원이 있었던 것처럼 모두가 자연스럽게 드나든다. 서로의 안녕을 묻는 정원의 이야기처럼 지역의 사람들 그리고 새와 곤충, 고양이 같은 작은 생물들이 들락거리며 안부를 전한다. 이웃정원사들은 모두의 인사에 화답하듯 오늘도 정원 속 식물의 안녕을 가늠하고, 묵은 잎사귀를 정리해주며 정성껏 정원을 돌본다.

정원놀이, 아이들과 함께
감성을 깨우는 정원놀이를 해보자

가드닝센터의 정원이 야단법석하다. 아이들 여럿이 신이 나서 잔디밭을 요리조리 뛰어다니고 디딤돌 사이를 깡총거린다. 인근 초등학교에서 단체로 프로그램에 참여하러 왔다가 정원에서 뛰노는 중이다. 아이들은 자기만의 방식으로 정원과 친구가 된다. 활기차게 돌아다니는 아이, 그저 앉아 있는 아이, 잎에 붙은 애벌레를 만져보는 아이, 꽃을 바라보는 아이, 화단 속의 돌을 줍는 아이 등 저만의 방식으로 탐색하고 경험하며 발견하는 중이다. 아이들이 참여한 프로그램은 '꿈꾸는 정원'이다. 오늘 하루만큼은 정원 안에서 마음껏 꿈꾸고 자라기를 바라는 프로그램에 담긴 뜻을 안다는 듯, 아이들은 그 마음을 받아 넘치게 즐기고 있다.

씨앗폭탄 던지기

—— 아이들의 높고 신나는 웃음소리가 정원을 흔든다. 서로 경쟁하듯 연신 팔을 휘두르곤 던진 곳에 쪼로록 달려가 본다. "봤지? 내가 제일 멀리 던졌어!" "선생님, 언제쯤 싹이 날까요?" "새들이 다 쪼아먹어 버리면 어쩌죠?" "정말 알록달록 예쁜 동산이 될 것 같아요." 아이들은 재잘거리며 방금 만든 동그란 씨앗공을 황폐한 비탈면에 연신 던진다. 아이들이 던진 씨앗폭탄은 맨땅이 드러나고 잡초만 무성한 비탈 곳곳에서 터지듯 발아하여 이내 초록빛, 노란빛, 분홍빛으로 물들일 것이다.

씨앗폭탄은 점성이 있는 토양과 상토를 섞은 뒤 씨앗을 함께 넣어 경단처럼 동글게 빚어 만든다. 아이들 손에 쥘 수 있는 정도로 하되, 크기와 모양을 아이들에게 맡겨두면 그 또한 놀이가 된다. 바로 사용해도 되고, 며칠 동안 그늘에서 말리면 더 단단하게 모양을 유지한 채 굳는다. 보통 백일홍, 수레국화, 안개초 등 한해살이 초화류나 야생화 씨앗 등을 사용한다. 아이들의 교육용으로 싹이 금세 트는 허브나 채소류 씨앗을 사용해도 좋다. 여러 가지 씨앗을 섞어서 만들면 다양한 꽃이 순서대로 피고 져서 빈 땅을 오랫동안 알록달록하게 물들인다.

아이들이 흙을 조물거린다. 처음에는 흙을 만지는 것에 거부감을 드러내던 아이들도 보드랍고 따뜻한 흙의 감촉에 이내 적응했는지 흙을 요리조리 만져보고 흩뿌려보기도 하며 흙 놀이를 즐긴다. 그 흙에서 자라나는 새싹을 보면 아이들은 절로 안다. 흙은 생명 그 자체라는 것을. 생명이 희망을 품고 도시 곳곳에 숨어 있는 황폐한 곳에 던져진다. 그러다 곧 비가 오면 폭탄이 터지고 새싹이 튼다. 생명이란 악착같은 구석이 있어서 작은 틈새만 있으면 비집고 나와 자기 몫을 살아내기 마련이다.

30구 계란판에 아이들이 빚은 동그란 씨앗폭탄이 가득하다. 아이들 생김새가 다 다르듯이 모양도 제각각이다. 모양은 달라도 그 안에 깃든 소망은 같다. 내가 사는 이 땅을 조금 더 푸르게 만들고 싶은 마음. 아이들 말을 빌리면 생명이 생겨나는 폭탄이란다. 폭탄이 터져 꽃이 자라면 지구도 사람도, 벌과 새도 웃는다. "하지만 개미에게는 진짜 폭탄일지도 몰라요"라며 사뭇 진지한 아이의 얼굴에서 나는 희망을 본다.

열두 달 정원놀이

────── 아이들과 함께하는 정원놀이를 기획했다. 주제는 새로운 열두 달과 함께 자람이다. 무엇을 가지고 어떻게 아이들과 놀까 매번 고심하게 된다. 계절의 다채로움만큼이나 정원에는 놀거리가 넘쳐나고 욕심 많은 선생님은 아이들에게 전해주고 싶은 것이 늘 많다. 사실 나의 고민이 무색하게 아이들은 즉흥적으로도 엄청난 놀이를 만들어낸다. 몇 번이고 아이들의 재주에 감탄한 이후로는 그저 가장 전해주

고 싶은 것 한 가지를 정한 후 아이들 스스로 맘껏 표현할 수 있도록 돕는 심부름꾼이 되었다.

정원놀이를 할 때면 항상 그림책을 한 권 정해서 아이들과 함께 읽고 이야기를 나눈다. 주로 그 계절이 담긴 책이다. 거기에 더해 감정과 생각을 바라보고 건강하게 표현할 수 있는 활동을 구성한다. 마지막에는 항상 아이들과 정원에서 산책하며 신나게 논다. 때로는 보호자도 함께 참여한다. 서로가 마음을 표현하고 바라보며 감싸준다. 아이는 늘 커다란 엄마 아빠의 작은 틈새를 발견하고, 부모는 몰랐던 아이의 속마음을 알아차린다. 그렇게 가족은 함께 성장한다.

여름 방학을 맞이한 아이들과 함께 그림책 정원놀이를 한다. 이달의 주제 그림책은 《앙통의 완벽한 수박밭》이다. 탐스러운 수박이 빼곡히 찬 앙통의 완벽한 수박밭. 어느 날 수박을 하나 도둑맞은 데서 이야기는 시작한다. 이가 빠진 듯 하나가 빈 수박밭에서 대체 누구였을지 고민하고 상실감에 슬퍼하던 앙통. 결국 흐트러졌지만 조화로운 수박밭을 바라보며 완벽의 참 의미를 깨닫게 된다. 아이들은 책을 읽은 뒤 앙통이 되어 앙통의 마음도 헤아려보고, 앙통에게 위로하는 메시지도 보내본다. 그러곤 나만의 완벽한 정원을 만들어보는 시간을 갖는다. 정원은 또 다른 이야기를 아이에게 전한다. 아이들은 금세 정원에 이름을 짓고, 정을 붙인다. 그러곤 누구보다 자랑스러워한다. 내 마음이 담긴 '완벽한 정원'이기 때문이다.

마음에 대한 질문, 생각에 대한 질문, 책의 내용에 관한 질문을 만들어 아이와 부모가 질문지를 뽑아 서로 묻고 답한다. '완벽하다는 것은 무엇일까?' 아이에게 질문을 받은 엄마가 갑자기 눈시울이 붉어진다. 영문도 모르는 아이는 잠시 당황하다가 이내 엄마를 꼬옥 안아준다. 나 또한 그렇다. 아이들과 함께 그림책을 읽다 보면 오히려어른인 내가 더 먹먹해져 한참이나 말을 잇기 어려울 때가 있다. 책그대로 순수하게 그림을 보고 글을 읽는 아이와 달리 사계절을 여러번 겪은 나의 수많은 감정이 그림에, 글에, 그리고 그 행간에 담기기때문일 것이다. 그래서 정원놀이를 하다 보면 오히려 내가 더 치유되고 자라는 느낌이 든다.

정원에서 자라는 아이들

──── '완벽하지 않아도 완성하기.' 매 수업 아이들과 약속을 한다.그리고 이야기를 나눈다. "얘들아, 완벽하다는 건 뭘까?" 나의 질문에 아이들은 잠시 생각을 하더니 앞다투어 대답을 한다. "멋진 거요." "최선을 다하면 완벽한 거예요." "저요. 저는 완벽해요." 맞다. 아이들은 그리고 우리는 실은 그 자체로도 이미 완벽한 사람이다. 온전히 귀한 존재다. 자꾸 의심하니 마음이 불안하고 불편하다. 아이들은 의심이 없다. 그래서 종종 가볍게 진실을 얘기해준다.

"그럼 완성하는 것은 뭐지?"라는 나의 물음에, "끝까지 해보는 것이요"라고 아이들이 답을 한다. 그래, 그저 끝까지 해보는 거야. 아이들을 자연스레 정원으로 이끈다. 정원에서 식물은 끝까지 살아서

제 몫을 기어이 해낸다. 잎이 조금 찢겨도, 꽃봉오리에 진딧물이 붙어 꽃잎이 조금 어그러져도 말이다. 때때로 아이들은 할 일을 앞에 두곤 멍하니 있다. 잘 해내야 하는 압박감이 시작을 막아선 것이다. 그럴 때면 아이들을 조용히 다독여준다. "완벽하지 않아도 괜찮아." 그럼 한결 가벼워진 손으로 삽을 들고 펜을 쥔다. 완벽과 정답이 없는 정원의 일들이기에 아이들은 가벼운 마음으로 놀이하듯 즐길 뿐이다.

아이들은 금세 친구가 된다. 내 옆의 사람들과도 스스럼없이 말을 건네고, 함께 뛰어논다. 심지어 처음엔 기겁하던 곤충들과도 이내 친구가 된다. 처음 만나 쭈뼛거리던 아이도, 말수가 적어 늘 조용하던 아이도 정원에서 보내는 시간이 늘어날수록 활발해진다. 본능적으로 느껴지는 자연의 안정감 속에서 긴장감은 줄어들고, 무언가 배워야 하는 압박감이 없는 환경은 피로도를 낮춰준다. 이런 자연 속 회복의 경험은 아이를 아이답게 자라게 하는 힘이 된다.

정원에서 보내는 시간만큼은 서로를 바라보면 좋겠다. 그 안에서 '다름'과 '같음'을 찾아 깊게 공감하고 오롯이 인정해주며 함께 자라는 아이들. 아이들은 정원과 함께 꿈꾸고 자란다. 정원을 가꾸다 보면 자연이 큰 손으로 함께 돌본다는 생각을 자주 한다. 나는 그저 조금 거들 뿐이다. 정원 안에서 재잘거리는 아이들을 보면 같은 생각이 든다. 정원이 보듬고 아이들은 스스로 자란다. 나는 그저 때때로 도움을 줄 따름이다. 정원 안에서 보내는 시간을 통해 아이들은 제 모습대로 단단히 잘 자란다.

정원과 함께 꿈꾸고 자라는 아이들. 정원의 일들은 완벽과 정답이 없기에 아이들은 가벼운 마음으로 놀이하듯 즐길 뿐이다.

바이오스피어 정원,
실내에 작은 지구를 들이는 정원을 만들어보자

○ ──────────── '안녕, 얘들아.' 아침 출근길, 문을 열면 가장 먼저 온실 속 식물들에게 인사를 한다. 아침 햇살이 온실 깊숙이 들어와 커다란 몬스테라 잎사귀에 맺힌 이슬과 함께 반짝인다. 그새 키가 많이 큰 식물들이 온실 속에 작은 열대우림을 만들었다. 작은 아마존을 지나 내 책상 위의 조그만 유리병 속에 만들어둔 작은 지구에게도 인사를 건넨다. 나의 지구는 일 년이 넘도록 스스로 잘 지내고 있다. 이 작은 병에서 일어나는 생명의 순환은 늘 놀랍고 신비롭다. 아마 멀리서 푸른 지구를 바라본다면 이런 느낌이겠지.

내 곁의 작은 지구,
바이오스피어 정원

———— 기온이 올라가자 유리병 안의 표면에 이슬이 송골송골 맺혔다. 유리병을 실내 안쪽 조금 서늘한 곳으로 옮겨준다. 땅에 비가 내리듯이 이슬방울이 작은 정원 속으로 스밀 것이다. 며칠이 지나도 큰 변화가 없는 나의 작은 지구지만 세심하게 들여다본다. 작은 정원이 들어 있는 이 조그만 병은 언뜻 보면 예쁜 인테리어 소품 같다. 그래서인지 사람들도 참 좋아한다. 하지만 곁에 두고 들여다보면 알게 된다. 그 안에 들어 있는 '작은 지구'가 주는 경이로움을.

바이오스피어Biosphere는 지구 위 생물이 살아가는 환경을 의미한다. 지구 생태계를 모방하여 만든 밀폐된 거대한 인공생태계 공간으로 미국 애리조나에 조성된 '바이오스피어2'를 예로 들 수 있다. 이러한 생태계의 원리를 작은 병에 담아 바이오스피어 정원을 만든다. 물, 공기, 영양분 등 외부의 개입 없이 밀폐된 유리병 안에서 스스로 순환하여 살아간다. 식물은 흙에서 영양분을 얻고 호흡을 하며, 광합성을 통해 이산화탄소를 흡수하고 산소를 방출한다. 물을 주지 않아도 식물의 증발산을 통해 대기로부터 대지까지 순환하게 된다. 그야말로 작은 지구, 바이오스피어 정원이다.

바이오스피어 정원은 몇 가지 원칙만 알면 쉽게 만들 수 있다. 우선 잘 소독한 유리병을 준비한다. 유리병의 크기와 모양은 자유롭게 선택하되 투명하고 밀폐된 것이 좋다. 유리병 바닥에 토양층을 만든다. 지구가 그렇듯이 굵은 입자의 토양부터 시작해 고운 흙으로 표면을 덮는다. 바닥과 연결하여 점성이 있는 진흙으로 유리병의 한 면을 덮어주면 입체감이 있는 수직정원을 만들 수 있다. 토양 위에 작은 돌과 나뭇가지 등을 연출하여 좀 더 자연스러운 경관을 만든다. 마지막으로 잘 조성된 토양 위에 이끼와 작은 식물 등을 심어준다.

보통 이끼는 시중에서 쉽게 구할 수 있는 털깃털이끼, 초롱이끼, 나무이끼, 솔이끼 등을 몇 가지 혼합해서 사용한다. 다양한 이끼는 모두 자람새가 달라 관찰하는 재미가 있다. 애기모람같이 잎이 작고 덩굴성인 식물과 작은 고사리류나 피토니아같이 높은 습도를 좋아하는 식물을 함께 넣어 키우면 작은 정원이 풍성해진다. 정원이 완성되면 가볍게 분무해서 뚜껑을 닫아 밀폐한 후 직사광선이 닿지 않는 실내 밝은 자리에 둔다. 이제 이 작은 지구는 스스로 움직여 자연의 질서에 따라 균형을 맞추며 살아갈 것이다. 작은 유리병 안을 신비롭게 바라보는 내게 작은 지구는 속삭인다. '너도 자연의 질서에 기대 조화롭게 살아봐.'

아이에게 선물하는
작은 세상

──── 아이들 수업에 바이오스피어 정원을 만들면 매우 좋은 교육 활동이 된다. 이는 어느 특정 학년에 고정된 것이 아니라 유치부터

전 학년에 걸쳐 생태교육, 환경교육, 과학교육, 체험활동 등 다양한 교과 연계 활동 등에 적용할 수 있다. 아이들은 정원을 만들며 지구의 대기와 환경, 생명의 순환을 배우게 되고, 정원을 관찰하고 돌봄으로써 식물의 생장과 생태계의 균형을 이해하게 된다. 그리고 무엇보다도 살아 있는 생명과의 연대를 통해 건강하고 따뜻한 아이로 자라게 된다.

아이들은 프로그램 중간에 수많은 질문을 쏟아낸다. 과연 이 작은 병에서 식물이 자랄 수 있는지 궁금해하기도 하고, 관리법 등을 묻기도 한다. 가장 궁금해하는 질문 중 하나는 다른 동물이나 곤충을 넣을 수 있는가이다. 당연히 가능하다. 아이들과 함께 만드는 바이오스피어 정원은 흔히 테라리움으로도 부른다. 이는 라틴어 'Terra(흙)'와 'Arium(공간)'을 합한 말로 유리나 플라스틱 등 투명한 용기에 조성한 소형 인공 생태계다. 테라리움 내부의 환경을 키우는 대상에 맞추어 조성하면 다양한 생물을 키워낼 수 있다.

보통 밀폐환경인 테라리움은 습도가 높아 건조한 지역에서 살아가는 식물에게는 적합하지 않은 생육환경이 된다. 개방형으로 테라리움을 만들어 건조하게 유지해주면 선인장과 다육식물을 키울 수 있다. 완전한 수중환경을 조성하여 다양한 물고기와 수초를 키우는 아쿠아리움Aquarium도 테라리움의 한 종류다. 물과 육지가 공존하는 팔루다리움Paludarium에서는 개구리와 도롱뇽 등의 양서류와 작은 어류를 함께 키운다. 그 외에도 파충류와 양서류 등을 키우는 비바리움Vivarium과 개미, 곤충, 버섯 등 다양한 대상을 위해서도 생육공간을 꾸며줄 수 있다. 정원에 살아 있는 생명체가 있으면 활기와 재미가 넘친다. 작은 정원도 예외가 아니라서 테라리움에 넣어둔 작은 곤충의 궤적을 쫓아 하염없이 바라보게 된다.

　작은 정원을 만들어간 아이가 몇 달 후 센터에 놀러 왔다. 나를 보자 반갑게 자신의 '쑥쑥이'에 대해 자랑을 늘어놓는다. 쑥쑥이는 아이의 바이오스피어 정원 이름이다. 정원 안에 심은 고사리에서 동그란 새순이 삐죽 올라오고 이끼의 키가 자랐다며 자랑스러운 표정으로 이야기한다. 키가 더 크면 어쩌나 걱정하기에, 고사리의 잎이 유리병 끝에 닿으면 다시 가져오기로 약속하고 돌려보낸다. 아이는 작은 유리병 안의 정원에 마음을 담아 키우고 있었다. 쑥쑥이는 아이만의 작은 세상이다. 아이와 함께 자라고 매일 이야기를 들려주는 아이만의 비밀 친구다.

이끼와 이끼정원

──── 실내용 작은 정원을 만들다 보면 이끼를 다양하게 사용하게 되고, 쓰임이 많다 보니 관심을 두고 자라는 것을 지켜보게 된다. 이 작은 이끼는 작은 식물들 사이에 배치하면 식물들이 더 푸르게 도드라져 보이는 배경이 되고, 흙 위를 덮으면 흙 안의 수분이 천천히 증발하게 도와준다. 수반이나 유리병 안에 이끼와 돌, 나무조각 등을 함께 연출하면 그 자체로도 멋진 정경을 연출한다. 이끼는 그야말로

조연부터 주연까지 정원의 만능 배우다.

전 세계에 분포된 이끼의 종류는 약 12,500종에 달한다고 추정한다. 그중 원예용으로 국내에서 유통 중인 이끼는 10~20종으로, 흔히 사용하는 종류로는 깃털이끼, 비단이끼, 물이끼, 스칸디아 모스 등이 있다. 이끼는 작고 여린 외모와 달리 강한 능력을 지녔다. 미세먼지와 중금속 그리고 독성물질 등을 온몸으로 흡수해 공기정화 능력이 매우 탁월하고 이끼의 산소 배출량은 전 세계 모든 식물의 산소 배출량 중 30퍼센트에 달한다는 연구결과가 있다.

이토록 다방면으로 매력이 있는 이끼는 분재부터 외부 정원까지 다양한 곳에 쓰임이 있다. 특히 실내 소품용 작은 정원에 활용하면 공간을 아름답고 푸르게 연출해준다. 이런 이끼를 색다르게 연출하는 방법 중 하나는 화분 대신에 식물의 뿌리분을 이끼로 동그랗게 감싼 이끼볼Moss Ball(코케다마)이다. 최소한의 재료를 사용하여 환경에도 이롭고 크고 작은 식물을 여러 개 만들어 공간을 연출하면 그 자체로 특별한 오브제가 된다.

이끼볼은 대부분의 식물로 제작할 수 있고, 단순한 재료를 사용해 이끼와 식물 본연의 아름다움을 도드라지게 한다. 이끼를 물에 담가 충분히 적시고 잘 펴준다. 식물을 화분에서 꺼낸 후 뿌리 쪽에 흙을 보충해가면서 동그랗게 만들어준 뒤, 동그란 분을 이끼로 감싸 끈으로 단단히 동여매주면 완성이다. 완성된 이끼 볼은 공중에 매달아 감상해도 좋고, 수반에 연출해 즐겨봐도 좋다. 수분을 좋아하는 이끼 특성상 세심하게 관리해야 하는데, 생활 가까이에 두고 매일 돌보다 보면 그야말로 일상 속 나의 반려가 된다.

　벽으로 둘러싸여 부족함 없는 실내공간에서 생활하다 보면 자주 우리가 자연의 한가운데 있다는 사실을 잊는다. 덥지도 춥지도 않고, 비바람이 불지도 않으며 낮과 밤도 희미한 실내다. 일상의 편리를 위해 완벽히 제어되는 환경인데, 오히려 자연과의 단절에서 오는 고립감과 부자연스러움이 주는 불편함과 불쾌감을 감수해야 한다. 하루에도 몇 번씩 마음이 지칠 때면 테이블 위의 작은 정원을 바라본다. 유리병에 담겨서, 수반 위에서, 천장에 매달린 작은 정원들이 나를 자연과 연결해준다. 일상에 쫓기는 나를 위해, 공간 안에 나만의 작은 지구를 들여놓아보자.

실내용 작은 정원에서 다양하게 사용하는 이끼. 수반이나 유리병 안에 이끼와 돌, 나무 조각 등을 함께 연출하면 그 자체로도 멋진 정경을 연출한다.

일상정원, 나만의 정원이 없어도 모두를 위한 공유정원을 만들어보자

도심 한가운데 공유정원에서 함께 정원을 가꾸고 나누자는 메시지를 SNS에 띄우자 많은 사람이 참여하기를 희망한다는 응답을 해 온다. 생각보다 많은 시간을 할애해야 하고, 수확물은 모두에게 나누자는 다소 까다로운 요구에도 다들 싫은 기색 없이 적극적이다. 내가 만드는 정원이 나를 살리고 이웃을 살리며, 도시를 좀 더 살기 나은 곳으로 만든다는 것을 아는 이들이다. 공유정원은 커뮤니티 정원보다 더 개방적인 장소에서 다양한 사람의 접근성을 높인 정원이다. 학교나 직장 근처, 공공의 시설 등 더 다양한 사람의 일상이 정원에 닿게 해준다.

지역을 살리는
공동체를 위한 정원

—— 19세기 서양 사회에서는 산업혁명으로 도시화가 가속됨에 따라 노동자의 영양부족 문제가 대두되었다. 영국에서는 노동자의 건강한 식자재 공급과 자연을 통한 회복을 위한 시민농장Allotment Garden이 생겼고, 개인에게 작은 면적의 텃밭을 할당하여 비상업적인 가드닝 활동을 장려했다. 특히 두 차례의 세계대전을 지나면서 미국과 유럽 각지에서는 전쟁 중 식량을 안정적으로 공급하기 위하여 정원에서 식용작물을 재배하도록 장려하는 캠페인이 벌어졌다. 이 시기 빅토리 가든Victory Garden이라 부른 미국의 정원은 현대의 커뮤니티 가든(공동체 정원Community Garden)의 시초가 되었다.

현대에는 식량이 부족하기보다는 지속가능한 친환경적인 생활양식의 중요성이 주목받음에 따라 내 지역 안에서 먹거리를 생산하고 소비하고자 하는 요구가 높아지고 있다. 도시민을 위한 도시형 텃밭이나 공동체 정원은 단순히 먹거리를 생산하는 장소가 아니다. 지역 주민에게 자연과 함께 하는 삶을 경험하게 하고, 공동체 회복을 위한 의미 있는 장소가 되어준다. 미래세대를 위한 생태교육공간이고, 도시민의 지친 일상을 위한 치유공간이며, 도시와 사람을 연결해주는 실천의 공간이다.

이디블 스쿨야드Edible Schoolyard 프로젝트는 1995년 미국 서부 버클리Berkeley에 있는 마틴 루서 킹 중학교에서 시작된 교육을 위한 커뮤니티 정원 프로그램이다. 이주민과 저소득층 등 소외계층이 많이 거주하는 지역 내 학생의 건강한 식습관과 마음 돌봄을 위하여 고민하던 학교의 의지로 시작했고, 앨리스 워터스^{Alice Waters}의 아이디어로 실현된 프로그램이다. 지금은 전 세계로 확산되어 이디블 스쿨야드 모델을 기반으로 한 스쿨가든 프로그램이 여러 곳에서 운영된다.

스쿨가든에서는 학생과 교사 그리고 지역사회가 함께 정원을 가꾸며 자연의 순환과 계절의 변화를 배운다. 다양한 허브, 채소, 과일나무 등을 재배하고, 식물의 성장 과정을 학습하며 연계 교과를 함께 배우게 된다. 스쿨가든은 단순한 정원교육이 아니라 통합교육의 장소가 된다. 정원에서 나온 수확물로 직접 요리를 배워 건강한 먹거리를 통한 식습관을 형성하고 환경의 가치를 깨우쳐주는 기회가 된다. 프로그램을 통해 학생들뿐만 아니라 지역사회를 건강하게 탈바꿈시키게 된다.

야구장에서 맛보는
정원의 맛

—— 한창 류현진 선수가 미국에서 활동할 시기, 원정경기를 온 샌프란시스코의 AT&T 파크(현재 오라클 파크^{Oracle Park})에 방문할 기회가 있었다. 경기를 앞둔 구장은 달뜬 사람들의 열기로 활기가 넘쳤고 나도 덩달아 신이 나서 이곳저곳을 돌아다보았다. 샌프란시스코의 자

이언츠 홈구장은 외야 너머로 보이는 맥코비 코브^{McCovey Cove}의 푸른 바닷가 전경과 초록빛 잔디가 어우러져서 듣던 대로 정말 아름다운 곳이었다. 야구장 곳곳을 둘러보던 중 외야 뒤편의 그라운드 레벨에 야구장에서 감히 상상하지 못한 광경을 맞닥트렸다.

야구장 내의 'The Garden'에서 바구니를 든 직원이 딸기를 따고 있는 게 아닌가. 이미 반쯤 가득 찬 바구니에는 바질이며 케일 등 신선한 잎채소가 있고 그 위로 레몬이 몇 개 들어 있다. 단을 높인 화단에는 오렌지와 블루베리 등의 유실수와 요리를 위한 각종 허브 정원이 조성되어 있다. 수경재배를 위한 수직타워^{Aeroponic Tower}에는 온갖 잎채소가 풍성히 자라고 있어 하얀 기둥이 잘 보이지 않을 지경이다. 정원 가운데 있는 바에서는 정원에서 수확한 신선한 채소와 과일을 이용한 음식을 즉석에서 조리하여 판매하고 있었다.

야구장에서 만나는 허브가든이라니! 믿기지 않는 광경이었다. 직원에게 공간에 관해 묻자 자랑스럽게 설명해준다. 모든 세대의 팬에게 지속가능한 도시정원의 가치를 전달하고 건강한 식사를 위해 만든 공간이라고 한다. 경기가 있는 날에는 볼파크에 입장한 모든 이에게 개방되어 정원에서 영감을 받은 신선한 음식과 음료를 제공하고, 경기가 없는 날에는 지역사회에 개방하여 시민들, 특히 지역 내 아이들의 생태교육 장소로 활용된다고 한다. 아이들은 이곳에서 식물을 직접 키워, 수확하고 맛보면서 자연을 배우고 올바른 식습관 형성을 위한 교육을 받는다.

캘리포니아 특유의 눈부신 태양과 바닷가에서 불어오는 미풍이

토마토가 달린 가지를 가볍게 흔든다. 신선한 허브들에선 온갖 달고, 상큼하고, 쌉쌀한 향기가 풍겼다. 바를 둘러싼 사람들의 가벼운 웃음소리가 청량한 레모네이드, 딸기와 블루베리가 가득 올라간 샐러드 위로 퍼진다. 야구장에서 뜻밖에 만난, 향긋한 오후의 한때다. 토니 베넷의 〈I Left My Heart in San Francisco〉의 노랫말처럼 그 광경에 나는 완전히 마음을 빼앗겨버렸다. 내가 그곳을 방문한 이후에 한국에도 몇몇 구장을 새로 짓고, 시대의 흐름에 맞추어 리모델링했다. 그러나 아쉽게도 정원이 생겼다는 구장은 아직 만나지 못했다. 언젠가 우리나라에도 이렇듯 공공의 공간에 다양한 정원이 함께 할 날을 그려본다.

일상이 되는 정원생활, 함께 즐기는 정원

———— 공동주택이 주를 이루는 도시에서 일상에 정원을 들이는 방법을 고민한다면, 다양한 용기에 정원을 가꾸는 용기정원(컨테이너 가든Container Garden)을 내 생활 곳곳에 들이는 방법은 좋은 해답이 되어준다. 작은 커피잔부터 커다란 항아리까지, 스티로폼 박스부터 음식을 포장할 때 쓰는 다양한 일회용 용기까지 그 범위는 아주 다양하다. 정원을 가꿀 의지만 있다면, 식물에 맞는 토양층을 만드는 약간의 기술만 안다면, 세상의 모든 용기는 정원을 위한 바탕이 되어준

다. 실제로도 용기정원은 책으로, 다양한 프로그램으로 사람들에게 많이 알려져 있고 곳곳에서 볼 수 있다.

공공을 위한 이디블가든의 효용을 경험한 이후로 자주, 일상에 들이는 모두를 위한 정원을 궁리한다. 한 뼘의 땅도 여유가 없는 곳이 대부분인 도시라지만, 매일 들여다볼 수 있고 행동으로 모두를 돌보는 정원이 있으면 얼마나 좋을까 항상 생각한다. 나를 위한 용기정원이 모두를 위한 정원이 되어 도심 곳곳에 있다면, 정원이 있는 내 집의 여유와 생기가 도시 곳곳에 있을 텐데. 정원을 조성하기 위해 모인 공동체가 함께 가꾸고 지역주민이 모두 즐기는 정원이 될 것이다.

조금 규모가 있는 이동식 박스 정원을 조성하면 정원을 위한 빈 땅이 없는 도심에 대안이 되어준다. 가정에서 용기정원을 위해 사용하는 보통의 박스보다는 조금 더 크고 이동형 바퀴를 달아주면 언제든 다른 곳으로 옮겨줄 수 있다. 앉음의자를 함께 넣을 수도 있고, 그늘을 위한 차양을 만들어두면 훌륭한 쉼터 역할을 해준다. 박스의 크기와 높이, 재질을 달리해 모듈화하면 정원에 입체감이 생기고, 모듈의 개수를 늘리고 줄이면서 정원의 규모를 변경할 수 있다. 박스형 정원은 이렇듯 얼마든지 디자인을 확장할 수 있어서 공간에 따라 구성을 달리할 수 있다는 장점이 있다.

이렇게 조성된 공간에 사람들이 뜻을 모았다. 함께 가꾸고 모두에게 나누겠다는 몇몇이 모여 정원을 가꾸게 되었다. 정원을 가꾸고 싶으나 땅이 없는 사람에겐 기회의 장소가 되어주고, 지역 내 사람에게는 일상 속 정원이 된다. 내 꿈을 담은 나의 정원이며 세상과 공유하는 공간이다. 정원을 소유한다는 것은 어쩌면 나의 욕심이자 착각일 뿐, 생각해보면 자연은 누구의 것도 아니다. 나도 잠시 빌려 향유하는 것이며, 점유하는 대가로 기꺼이 돌봄의 의무를 지는 것뿐이다.

창동역 1번 출구 앞, 모듈형 정원인 '품, 도봉'이 소란스럽다. 나와 모두를 위한 정원을 만들고 돌보겠다는 '이웃정원사'들의 손길이 분주하다. 정원의 안녕을 챙기는 이들이다. 웃자란 가지를 솎아주고, 잡초도 뽑아주며 정원의 까다로운 요구를 웃으며 맞춰준다. 이들 곁, 정원 여기저기에 마련된 벤치에 사람들이 모여 앉아 있다. 곁의 나무를 들여다보며 연신 질문하는 사람, 정원 곳곳을 탐험이라도 하듯 바쁘게 오가는 아이들, 과자를 나누어 드시는 어르신들. 정원 근처엔 항상 사람들의 발걸음이, 마음이 닿는다. 모두를 품어주는 정원이고, 즐거운 도시 생활이다.

필자가 디자인하고 조성한 창동역 앞 서울시 매력정원 '품.도봉'.

미식생활, 가꾸고 먹고
즐기는 정원을 만들어보자

○ ─────────── 정원 한켠에 수확을 위한 작은 정원을 만들어본다. 보통 이디블가든Edible Garden 혹은 키친가든Kitchen Garden이라 부르는 공간이다. 정원에 수확물이 생기면 정원을 가꾸는 일상이 더욱 다채로워진다. 철마다 내어주는 과일이며 채소가 식탁을 건강하고 풍요롭게 채워주고, 생활공간 곳곳에 자연이 주는 소품들로 아름답게 채워진다. 정원은 내 기대보다 더욱 넉넉히 내주기 마련이라 이웃들과 함께하는 나눔의 즐거움 또한 정원생활의 재미가 된다.

건강한 일상을 위한
이디블가든

—— 수확을 위한 이디블가든은 사람들이 울타리를 두르고 정착 생활을 하며 시작되었다. 안정적인 식량 공급이라는 중요한 목적을 위한 공간으로 다양한 형태로 존재해왔다. 사람들은 집 근처나 뜰 안에서 자급자족할 요량으로 과일과 채소 등을 길러 사용했을 것이다. 고대 이집트 벽화에 표현된 연못 주변을 둘러싼 무화과와 야자나무 등으로 당시의 정원을 짐작해본다. 중세시대 수도원에서 수도사들이 중정에 구획을 나누고 식용과 약용을 위한 채소와 허브류를 심은 허브정원Herb Garden에 대한 기록이 다수 남아 있다. 당시의 그림과 서적에서 정원의 형태와 식재에 대한 내용을 미루어볼 수 있다.

수확을 위한 정원은 어느 특정한 사회에 국한된 문화가 아니라, 명칭이나 심는 식물의 종류만 다를 뿐 비슷한 목적으로 조성되고 시대에 맞게 운영되었다. 영국에서는 정원 내 부엌 근처의 키친가든에서 허브나 과실, 채소 등을 심어 바로 요리에 활용했다. 프랑스에서도 르네상스 시기에 식용을 목적으로 하는 다양한 식물과 관상식물을 함께 심었다. 아름다움과 실용성을 동시에 고려한 이러한 프랑스의 키친가든은 '포타제 정원Potager Garden'이라 한다.

우리나라에서도 불과 얼마 전에도 집 가까이에 텃밭을 두었다. 급격한 주거문화의 변화로 내 집 안의 뜰은 잃었지만, 집 안과 밖 곳곳에서 여전히 작은 상자나 화분 등에 상추며 파, 토마토 등을 키우는 모습을 흔히 볼 수 있다. 내 집에 정원이 있는 행복한 사람이라면 포타제 정원을 모티브로 한 이디블가든을 정원 한켠에 꾸며보자. 작은 정원이 계절마다 넘치게 즐거움을 줄 것이다. 집 안에 정원이 없어도 커뮤니티 가든이나 공공의 정원에 조성한 이디블가든은 전 연령에게 효용이 뛰어난 쓰임의 공간이 된다.

이디블가든은 쓰임에 따라 식재 구성을 달리할 수 있다. 보통 식탁에 많이 오르는 잎채소 위주의 구성은 재료를 구하기 쉽고 재배 난이도가 낮아 초보자도 쉽게 시작할 수 있다. 잎채소에 토마토나 가지 등 열매 맺는 채소를 함께 키우면 수확물이 다양해진다. 특히 허브와 베리류를 함께 키우면 정원의 볼거리가 다채로워져서 좋다. 잎부터 꽃과 열매까지 쓰임이 다양한 허브는 식용뿐만 아니라 약용과 장식용으로도 활용법이 다양하다.

허브는 종류만큼이나 쓰임도 다양하고 가공법도 많다. 거창한 정원이 없어도 로즈메리나 루콜라, 바질 등 몇 가지 허브를 해와 바람이 잘 드는 부엌 창가에 두면 식탁이 풍성해진다. 허브는 자주 자르고 솎아주어야 더 단단히 자라니, 허브정원을 가꾼다면 기르는 일만큼이나 수확하여 이용하는 일 또한 중요하다. 몇 가지 간단한 가공법을 알면 허브가 나지 않는 계절에도 두고두고 유용하게 사용할 수 있다. 가장 손쉬운 방법은 통풍이 잘되는 그늘에서 그대로 건조하는 방법이다. 향이 좋은 허브는 말려서 향주머니(포푸리 Potpouri)로 만들어본다. 허브를 오일에 우리거나 식초나 알콜에 침지하여 사용하면 식물이 지닌 에너지와 효능을 온전히 담을 수 있다.

테마가 있는
이디블가든

—— 차를 위한 정원, 샐러드를 위한 정원, 식용 꽃이 풍성한 정원, 열매의 정원 등 테마가 있는 이디블가든^{Edible Garden}을 꾸며본다. 정원을 구성할 때 평지에서 단을 올린 형태인 식재베드나 덩굴식물을 위한 트렐리스^{Trellis}(격자형 구조물)를 사용하면 작업 효율도 높이고 공간을 입체적으로 사용할 수 있어서 좋다. 분리된 식재베드에 텃밭과 열매 맺는 나무, 꽃이 아름다운 식물을 적절히 배치하여 테마가 있는 공간을 조성한다. 정원의 구성에 디자인을 조금 가미하면 쓰임새도 좋지만 볼거리도 풍부한 아름다운 정원이 된다.

보통 이디블가든이라고 하면 먹는 채소나 과일 등을 떠올린다. 하지만 꽃이 아름다운 식물을 이디블가든에 들이면 정원의 구성과 색이 다채로워서 좋고 계절마다 수확하는 꽃들이 요모조모 쓰임이 많다. 이디블가든을 위해 꽃도 아름답고 키우기 쉬운 식물에는 친숙한 라벤더와 로즈메리, 야로우, 캐모마일 등이 있다. 그 외에도 보리지, 한련화, 금잔화, 루피너스, 베르가못, 세인트존스워트 등 다양한 화형과 크기, 색상의 꽃을 지닌 식물이 많다. 한데 모아 심으면 풍성한 꽃도 즐기고, 다양한 용도로 즐길 수 있어서 좋다.

특히 관상용으로 뛰어나서 보통 정원식물로도 많이 사용하는 허브를 식재하면 수확이 끝난 후, 늦가을과 겨울에도 정원에 볼거리를 준다. 대표적인 식물에는 러시안세이지^{Russian Sage}와 에키네시아

Echinacea, 타임Thyme, 로즈메리Rosemary 등이 있다. 러시안세이지의 풍성한 보랏빛 꽃과 은빛 가지는 형태가 매우 아름답고 신비로운 청량감을 정원에 준다. 항염 효능도 뛰어나 인후통으로 목이 아프거나, 가벼운 염증을 완화하기 위해 차로 마시거나 오일 마사지를 해주면 좋다. 에키네시아는 일반적으로 널리 사용되는 허브식물로 강력한 진통 성분과 면역에 도움을 주어 다양한 약제로도 유통 중인 식물이다. 꽃이 귀한 가을에도 꽃을 볼 수 있고 씨방이 그대로 말라 겨울정원에 운치를 더해준다.

블루베리, 딸기, 구스베리, 준베리 등의 빨갛고 파란 열매 등은 정원에 풍부한 볼거리와 수확하는 재미를 준다. 쨈과 청Extract 등으로 다양하게 가공하여 즐길 수 있다. 특히 아이와 함께 하는 정원에서 아이에게 많은 이야깃거리를 주어서 좋다. 야로우, 캐모마일, 피버휴, 히숍 등은 작은 꽃이 봄부터 쉴새 없이 피고 진다. 꽃을 따서 말리면 고운 색상 그대로 잘 마르고 맛이 부드럽다. 이렇듯 개성 있는 식물을 다양하게 구성하면 정원의 크기를 넘어 다채로운 즐거움과 경험을 준다.

지난여름 부지런히 수확해 덖어둔 허브를 꺼내어 작은 병에 나누어 담는다. 개성 있는 맛을 지닌 종류와 온화한 맛이 나는 것을 섞는건 나만의 블렌딩 비법이다. 배앓이를 자주 하는 아이를 위해선 캐모마일과 민트 여러 품종을 섞는다. 감기를 달고 사는 친구는 에키네시아와 스피어민트, 레몬밤으로 한 병, 스트레스가 많은 동료를 위해선 세인트존스워트를 조금 넣어 병을 채운다. 불안한 마음을 잠재워

주길 바라며 짧은 글귀를 함께 라벨지에 붙여본다. 차를 수확하거나 덖으며 느낀 순간을 담아 이름을 붙이고, 다른 이들에게 내어주거나 건네본다. 작은 수고로 만든 소소한 것인데도 특별한 선물을 받는 듯 좋아한다. 수확이 있는 정원을 가꾸면, 즐거움은 덤으로 따라온다. 모두를 행복하게 하는 정원생활이다.

꽃을 따서 말리면 고운 색상 그대로 잘 마르고 맛이 부드럽다. 누군가에게 건네면 작은 수고로 만든 소소한 것인데도 특별한 선물을 받는 듯 좋아한다.

정원 만들기, 내 손끝이 초록빛으로 물들어갈 때 인생에는 꽃이 핀다

"나무는 대지가 하늘에 쓴 시다."

(Trees are poems that the earth writes upon the sky.)

– 칼릴 지브란Kahlin Gibran

○ ──────── 정원 속 나무들 그리고 작은 풀꽃들의 어우러짐을 보고 있으면 그야말로 한 편의 시 같고, 노래 같고, 그림 같다. 세상 모든 아름다움이 이곳에 깃들었다. 아름다운 그곳에서 기꺼이 무릎을 꿇고 눈을 맞추어 정원을 가꾸고 음미한다. 정원의 생기가 내 안으로 스치듯 흐른다. 내 손끝이 초록빛으로 물들어갈 때 인생에는 꽃이 핀다.

정원을 잘 즐기는 방법

① 바라보기

──── 정원을 잘 즐기는 수많은 방법 가운데 가장 간단하고 누구나 쉽게 실천할 수 있는 방법을 꼽자면 '바라보기'다. 그저 가까운 정원을 눈여겨보자. 한두 번 눈길을 주다 잠깐 들러 머물러본다. 횟수가 늘면 식물의 변화가 보이고 자연의 쾌적함이 내게 닿는 경험을 한다. "이름을 알고 나면 이웃이 되고, 색깔을 알고 나면 친구가 되고, 모양까지 알고 나면 연인이 된다."(나태주, 〈풀꽃 2〉) 나태주 시인이 시 끝에 이것은 비밀이라 했지만, 모두 알고 있듯이 작은 관심이 쌓여 상대를 향한 사랑이 된다.

정원은 누구나 머물 수 있는 '공간'이다. 이 열린 공간이 나에게 특별한 장소가 되는 마법은 나와 정원 사이의 연결에 있다. 그 형태는 모두 다를 것이다. 정해진 시간에 매일 가보기, 식물과 빛이 만들어내는 그림자를 감상하기, 매일 변화하는 식물의 모습 관찰하기, 정원을 찾는 새와 곤충의 움직임을 쫓기, 정원의 모습을 글과 그림으로 남기기, 같은 자리에서 사진을 찍어 나만의 기록물 만들기 등. 나만이 가진 방법을 통해 정원과 연결되고 매일 쌓이는 경험을 통해 특별한 장소가 될 것이다.

유명한 정원을 골라 답사하는 테마가 있는 여행길, 함께 정원을 찬찬히 둘러보는 사람에게 "정원이 참 좋죠?"라고 묻는다. 이내 "저는 정원을 잘 몰라요. 정원은 좋아하는데 아는 식물이 별로 없어요. 식물 이름을 외우는 일이 너무 어려워요" 주저하며 답을 한다. 정원이 좋아 일부러 찾는 사람이 정원을 잘 모를 리가 없다. 정원의 역사, 디자인, 식물의 학명 모든 것을 배우지 않아도 충분히 느끼고 감상하며 즐겼을 것이다. 그것이면 충분하다. 식물의 이름을 몰라도 꽃은 아름답고, 한여름의 나무는 청량하며, 정원 속 연못에 떨어지는 물소리는 맑다.

모든 것이 그렇듯, 친숙해지면 더 많이 알고 싶고 궁금해지는 것이 순리다. 매일 가는 집 앞 정원의 식물을 보며, 정원박람회에 출품된 작품을 통해, 오래된 정원을 답사하고 유명한 정원을 방문하면서 정원의 경험이 쌓인다. 차츰 아는 이름이 하나씩 늘어나고, 달라지는 정원 속 재료가 흥미롭다. 그래서 더 찾아보게 되고, 아니까 더 눈에 깊이 들어온다. 그렇게 정원에 서서히 스며든다. 그저 바라만 보았을 뿐인데 '정원'은 어느새 내 삶에 깊숙이 들어와 나의 일상을 다독이고 있다.

정원을 잘 즐기는 방법
② 행동하기

—— 정원을 바라보는 것만으로도 정원은 나에게 위로를 준다. 하지만 정원에 직접 방문해 깊이 연결되면 몸과 마음의 치유 효과가 더 크다는 것은 이미 여러 연구결과가 증명하고 있다. 나의 활동 범

위와 건강상태를 고려한 정원을 찾자. 집 근처 가까운 곳이라면 자주 찾을 수 있어서 더 좋다. 그곳에는 내가 누구이든 상관없이 나에게 꼭 알맞은 일들이 기다리고 있을 것이다. 처음은 누구나 쑥스럽다. 나에게 과연 소질이 있는지 의심도 든다. 너무 힘들지는 않을까 걱정도 된다. 주저하는 마음을 넘어 행동할 때, 비로소 정원 속 나만의 천국을 만나 연결될 것이다.

정원디자이너의 펜 끝에서부터 정원은 시작된다. 하지만 그 정원이 지속적으로 모습을 갖추어 살아가는 것은 정원사의 손끝에 달렸다. 정원은 조성하는 것보다 꾸준한 돌봄이 중요한 곳이다. 사실 정원은 하루아침에 만들어질 수 있는 성질의 것이 아니다. 짧은 시간이라도 매일 돌보는 시간 속에서 정원도 제 모습을 갖추고 정원의 효용이 나에게 닿는다. 헤르만 헤세가 말했듯이 정원을 가꾸는 것이 감당할 수 있는 범위를 넘어서면 그 즐거움을 잃게 된다. 행동하되, 무리 없이 시작하는 것이 중요하다. 꾸준한 활동 속에서 나의 역량도 늘어날 것이다.

'정원은 이러이러하다'라는 사람들의 말에 얽매이지 말자. 정원의 모습은 정원사의 수만큼이나 다양하고, 세상에 같은 정원은 없다. 누구나 자신만의 아름다움에 대한 감각이 있으며 정원은 그 감각이 발현되는 장소다. 누구나 정원에서 시인이 되고, 음악가가 되며, 화가가 된다. 정원가의 가장 큰 미덕은 진심과 상상력이다. 자연에 나만의 감성을 더하면 나의 정원이 된다.

소심해지지도 주저하지도 말자. 그저 즐기면 될 일이다. 수많은 실수와 실패의 경험을 통해 정원사는 자란다. 마법의 초록손가락은 타고난 재능이라기보다는 실패를 넘어 꾸준한 행동에서 만들어진다. 나의 정원은 나를 닮는다. 그리고 정원 돌보기는 나를 돌보는 것이다. 내 안의 아이를 돌보듯 진심을 다하면 그만이다. 아이의 성장을 위한 적절한 환경을 만들고 스스로 자랄 수 있도록 곁에서 다정한 응원을 더하는 일, 정원은 그것이 전부다. "우리가 반복해서 하는 것이 곧 우리 자신이다. 그러므로 탁월함은 행위가 아니라 습관이다We are what we repeatedly do. Excellence, then, is not an act, but a habit"라는 아리스토텔레스의 말처럼 일단 손끝에 초록빛을 물들여보자.

정원을 잘 즐기는 방법
③ 함께하기

—— 정원사들은 지속적으로 실천하게 하는 정원 일의 매력을 들어 "가드닝을 한 번도 안 해본 사람은 있어도, 한 번만 하고 그만두는 사람은 없다"라는 우스갯소리를 한다. 그만큼 가드닝은 중독성이 있다. 힘들어서 삽을 내동댕이쳐도 이튿날 슬며시 잡아드는 매력, 정원 일에 온종일 시달려도 잠자리에 누우면 오늘 심어둔 식물이 잘 있으려나 궁금하고 내일은 무엇을 할까 나도 모르게 계획하게 되는 일, 정원을 가꾸는 사람이라면 누구나 한 번쯤은 경험해봤을 것이다.

이따금 힘에 부칠 때면 나의 앞에서 뒤에서 손을 맞잡고 함께하는 사람들에게 기대어 가면 된다. "혼자 가면 빨리 가나 함께 가면 더 멀리 갈 수 있다 If you want to go fast, go alone. If you want to go far, go together"라는 아프리카 속담처럼 함께하는 활동은 더 지속적이고 구체적인 참여를 이끈다. 정원을 통해 같은 꿈을 꾼다는 것은 참으로 멋진 일이다. 공간과 사람을 회복하는 같은 목표로 함께 활동에 참여함으로써 더 오랫동안, 혼자라면 꿈도 꾸지 못했을 많은 일을 계획하고 이루어낼 수 있다.

삶의 이해를 통해 변화를 이끌어내는 일은 행동에 있고, 그 행동이 지속적으로 영향을 미치고 반향을 일으키는 것은 '함께하는 행동'에 있다. 나를 위해 시작한 정원은 결국 모두와 연결되어 함께 나누게 된다. 이렇듯 정원의 방향이 모두를 향해야 한다. 아이부터 노인까지, 사람과 작은 생물들 모두가 함께 공유하고 즐거운 정원이 되도록 해야 한다. 각자의 형편에 맞도록 계획되고 세심히 구성되어야 하는 이유다. 내가 정원에 기대어 평온한 삶을 누리듯, 누구나 응당 그래야 한다.

특히 내일과 함께해야 한다. 시선을 잡아끄는 화려한 색상과 소재, 커다란 구조물을 받치고 있는 콘크리트 구조물, 멋지고 번듯한 정원도 좋다. 하지만 더 중요한 가치를 정원의 다음에 두면 좋겠다. 돌, 나무, 식물, 바람, 빛. 정원에선 멋지고 다채로운 요소가 넘쳐난다. 조금 소박해도 자연에 더 가까운 것들, 정원이 목적을 다하고 모습을 바꿔야 할 때가 오면 무리 없이 자연으로 되돌아갈 수 있도록 자연에서 온 재료를 사용하면 좋겠다. 못 하나 사용하는 데도 고민하고 또 고민하는 '다음'이 있는 정원이면 좋겠다.

결국 정원에서 구하는 답은 하나, 사랑이다. 정원에서 보내는 시간 속에서 자연은 무수히 많은 방법으로 우리에게 가르친다. 사랑하라, 그리고 사랑받으라. 온 세상의 처음이자 마지막인 나에 대한 사랑, 그리고 나와 다름아닌 모든 존재와의 사랑, 이런 사랑의 주고받음이 우리가 직면한 모든 문제의 실마리다. 그리고 그 사랑의 처음은 나로부터 일어나야 한다. 자신과 하는 화해가 그 시작이다. 얼마나 애쓰고 있었나. 조금 못나도, 때론 부족해도 나란 존재는 이 세상에 오직 하나뿐이다. 내가 나를 인정하고 바라볼 때 비로소 다른 모든 존재가 바로 보이기 시작한다. 우연히 생긴 일도 허투루 태어난 존재도 없다. 경계를 허물어 구분 없이 사랑하는 마음을 가질 때 '돌봄'과 '나눔'이라는 정원의 가치가 실현될 것이다.

| 식물 학명

가막살나무 *Viburnum dilatatum* Thunb.

갈참나무 *Quercus aliena* Blume

갯버들 *Salix gracilistyla* Miq.

계수나무 *Cercidiphyllum japonicum* Siebold & Zucc. ex J.J.Hoffm. & J.H.Schult.bis

고광나무 *Philadelphus schrenkii* Rupr.

고수 *Coriandrum sativum* L.

골담초 *Caragana sinica* (Buc'hoz) Rehder

공작아스타 *Aster novibelgii* L.

구주물푸레나무 *Fraxinus excelsior* L.

꿩의바람꽃 *Anemone raddeana* Regel

나무이끼 *Climacium japonicum* Lindb.

낙상홍 *Ilex serrata* Thunb.

납매 *Chimonanthus praecox* L. (Meratia Loises)

네페타(개박하) *Nepeta cataria* L.

노루오줌 *Astilbe chinensis* (Maxim.) Franch. & Sav.

달리아 *Dahlia pinnata* Cav.

대추야자 *Phoenix dactylifera* L.

덜꿩나무 *Viburnum erosum* Thunb.

델피늄(참제비고깔) *Delphinium ajacis* L.

돌무화과나무 *Ficus sycomorus* L.

때죽나무 *Styrax japonicus* Siebold & Zucc.

라벤더 *Lavandula angustifolia*

레몬밤 *Melissa officinalis* L.

로즈메리 *Rosmarinus officinalis* L.

루드베키아 *Rudbeckia hirta* L.

마가목 *Sorbus commixta* Hedl.

매실나무 *Prunus mume* (Siebold) Siebold & Zucc.

물망초 *Myosotis scorpioides* L.

민트(박하) *Mentha* species

바질 *Ocimum basilicum* L.

박하 *Mentha arvensis* L. var. *piperascens* Malinv. ex Holmes

밤나무 *Castanea crenata* Siebold & Zucc.

밥티시아 *Baptisia australis* (L.) R.Br.

백리향 *Thymus quinquecostatus* Čelak.

버드나무 *Salix pierotii* Miq.

벚나무 *Prunus serrulata* f. spontanea (Maxim.) Chin S.Chang

봄맞이 *Androsace umbellata* (Lour.) Merr.

분홍바늘꽃 *Chamerion angustifolium* (L.) Holub

블루베리 *Vaccinium corymbosum*

비비추 *Hosta longipes* (Franch. & Sav.) Matsum.

산딸나무 *Cornus kousa* Bürger ex Hance

산사나무 *Crataegus pinnatifida* Bunge

산수국 *Hydrangea serrata* (Thunb.) Ser.

살구나무 *Prunus armeniaca* L.

삼지닥나무 *Edgeworthia chrysantha* Lindl.

상수리나무 *Quercus acutissima* Carruth.

생강나무 *Lindera obtusiloba* Blume

설강화 *Galanthus nivalis* L.

솔이끼 *Polytrichum commune* Hedw.

솔채꽃 *Scabiosa comosa* Fisch. ex Roem. & Schult.

수레국화 *Centaurea cyanus* L.

수선화 *Narcissus tazetta* L. *subsp. chinensis* (M.Roem.) Masam. & Yanagita

스피어민트 *Mentha species*

신갈나무 *Quercus mongolica* Fisch. ex Ledeb.

쑥 *Artemisia indica* Willd.

쑥부쟁이 *Aster indicus* L.

아글라오네마 *Aglaonema* 'Silver Queen'

아네모네 *Anemone coronaria* L.

애기모람 *Ficus thunbergii* Maxim.

애플민트 *Mentha suaveolens* Ehrh.

에키네시아 *Echinacea purpurea*

연꽃 *Nelumbo nucifera* Gaertn.

원추리 *Hemerocallis fulva* (L.) L.

이스라지 *Prunus japonica* var. nakaii

자목련 *Magnolia liliiflora* Desr.

자작나무 *Betula pendula* Roth

작약 *Paeonia lactiflora* Pall.

장미 *Rosa hybrida Hortorum*

절굿대 *Echinops setifer* Iljin

제비꽃 *Viola mandshurica*

조팝나무 *Spiraea salicifolia* L.

종려나무 *Trachycarpus excelsus* (Thunb.) H. Wendl.

진달래 *Rhododendron mucronulatum* Turcz.

찔레꽃 *Rosa multiflora* Thunb.

차이브 *Allium schoenoprasum* L.

철쭉 *Rhododendron schlippenbachii* Maxim.

초롱이끼 *Mnium heterophyllum*

초코민트 *Mentha* × *piperita* f. citrata 'Chocolate'

층꽃나무 *Caryopteris incana* (Thunb. ex Houtt.) Miq.

캐모마일 *Chamaemelum nobile*

큰꽃으아리 *Clematis patens* C. Morren & Decne.

털깃털이끼 *Hypnum plumaeforme* Wilson

털수염풀 *Nassella tenuissima* (Trin.) Barkworth

파피루스 *Cyperus papyrus* L.

팥배나무 *Aria alnifolia* (Siebold & Zucc.) Decne.

페퍼민트 *Mentha × piperita* L.

펜넬 *Foeniculum vulgare* Mill.

풍선덩굴 *Cardiospermum halicacabum* L.

플록스 *Phlox paniculata* L.

피라칸타 *Pyracantha angustifolia* (Franch.) C.K. Schneid.

피토니아 *Fittonia albivenis* (Lindl. ex Veitch) Brummitt

하늘매발톱 *Aquilegia japonica* Nakai & H.Hara

한련화 *Tropaeolum majus* L.

현호색 *Corydalis remota* Fisch. ex Maxim.

화살나무 *Euonymus alatus* (Thunb.) Siebold

히어리 *Corylopsis coreana* Uyeki

정원 자료

* 궁금한 식물 자세히 찾아보기

국가표준식물목록
국립수목원 관리
https://www.nature.go.kr/kpni/SubIndex.do

Plants of the World Online (POWO)
영국왕립원예협회(Kew 왕립식물원 운영)
https://powo.science.kew.org/

World Flora Online (WFO)
전세계 식물학자들이 참여한 개방형 데이터 베이스
https://www.worldfloraonline.org/

* 궁금한 정원 자세히 찾아보기

한국수목원정원관리원
https://www.koagi.or.kr/

정원백과
산림청 국립수목원
https://www.knagarden.info/

국립원예특작과학원
https://www.nihhs.go.kr/

농서남북(농업과학도서관)
https://lib.rda.go.kr/

RHS
https://www.rhs.org.uk/

* 세계의 식물원

큐 왕립 식물원(Royal Botanic Gardens, Kew) - 영국 런던 리치먼드 큐
세계에서 가장 중요한 식물원 중 하나로 식물학 및 식물종 보존 연구 기관
https://www.kew.org/

베를린-달렘 식물원 및 식물 박물관(Botanischer Garten und Botanisches
Museum Berlin-Dahlem) - 독일 베를린
세계에서 가장 오래된 식물원 중 하나로 식물학 연구에 중요한 역할
https://www.bo.berlin/

마인츠 요하네스 구텐베르크 대학교 식물원
(Botanischer Garten der Johannes Gutenberg-Universität Mainz) - 독일 마인츠
식물종 연구와 보존, 교육에 중점을 둔 대학 캠퍼스 내 학술정원
http://www.botgarten.uni-mainz.de/

워싱턴 국립식물원(United States Botanic Garden) - 미국 워싱턴
미 의회가 1820년에 설립·관리하는 국가식물원
https://www.usbg.gov

시카고 보태닉 가든(Chicago Botanic Garden) - 미국 시카고
도시 인근의 생태복원 모델을 가지고 있는 대규모 공공 식물원
https://www.chicagobotanic.org

롱우드 가든스(Longwood Gardens) - 미국 필라델피아
듀퐁(DuPont) 가문의 유산을 기반으로 하여 문화와 예술이 구현된 정원
https://longwoodgardens.org

뉴욕 식물원(New York Botanical Garden, NYBG) - 미국 뉴욕
50개 이상의 테마정원을 보유하고 있으며 북미에서 가장 큰 규모
https://www.nybg.org/

싱가포르 보타닉 가든(Singapore Botanic Gardens) - 싱가포르
유네스코 세계유산에 등재 된 식물원으로 세계최대규모의 난초 컬렉션을 보유
https://www.nparks.gov.sg/sbg

싱가포르 가든스 바이 더 베이(Singapore Gardens by the Bay) - 싱가포르
자연과 기술이 함께하는 도심형 정원 테마파크
https://www.gardensbythebay.com.sg/

추천 정원 목록

* 체험하는 정원

초안산가드닝센터
서울 도봉구 노해로66길 98-122 초안산가드닝센터
https://www.instagram.com/choansan_gardening/

서울식물원
서울 강서구 마곡동로 161 서울식물원
https://botanicpark.seoul.go.kr/

국립세종수목원
세종 수목원로 136
www.sjna.or.kr

국립정원문화원
전남 담양군 금성면 하성길 33-37 국립정원문화원
https://kngcc.koagi.or.kr/intro

오랑쥬리
경기도 용인시 처인구 백암면 백원로 436
https://blog.naver.com/orangery2012

세븐시즌스 가든
경기 광주시 퇴촌면 구룡동길 54 세븐시즌스
https://blog.naver.com/ss_gardencenter

지앤아트스페이스
경기 용인시 기흥구 백남준로 7
http://www.zienart.com/

* 사유가 있는 정원

사유원
대구광역시 군위군 부계면 치산효령로 1176
https://www.sayuwon.com/

메덩골정원
경기 양평군 양동면 메덩골길 1 주차장(입구)
https://medongaule.com/

제이드가든
강원특별자치도 춘천시 남산면 햇골길 80
https://www.instagram.com/jadegardenkorea/

베케
제주 서귀포시 효돈로 48
https://www.instagram.com/veke_official

희원
경기 용인시 처인구 포곡읍 에버랜드로562번길 38
https://www.leeumhoam.org/

섬이정원
경남 남해군 남면 남면로 1534-110
http://www.seomigarden.com/

롯데호텔 제주원생정원
제주 서귀포시 중문관광로72번길 35 호텔롯데제주

쌍산재
전라남도 구례군 마산면 장수길 3-2

마야정원(마야사)
충북 청주시 상당구 가덕면 수곡1길 23-68

* 책이 있는 정원

오동숲속도서관
서울 성북구 화랑로13가길 110-10
https://www.sblib.seoul.kr/odlib/index.do

인문아카데미 양림&카페 후마티스
충북 청주시 흥덕구 주봉로15번길 25
https://www.instagram.com/yangleem.humanitas_official/

여백서원
경기 여주시 강천면 가정긴골길 255-31
https://yeobaek.or.kr/

학산숲속시집도서관
전북 전주시 완산구 평화5길 36-46

책마을 해리
전북 고창군 해리면 월봉성산길 88
https://blog.naver.com/pbvillage

* 정원카페

식물관PH
서울 강남구 광평로34길 24
https://www.instagram.com/sikmulgwan.seoul

어반플랜트
서울 중구 한강대로 416 서울스퀘어 14층 131호
http://www.instagram.com/urbanplant_official/

차담by 갤러리 더 스퀘어
서울 성북구 정릉로9길 68 명원박물관 해옹헌 1층
https://www.instagram.com/gallery_the_square

티하우스 에덴
경기 이천시 마장면 서이천로 449-79
https://www.edenparadisehotel.com/

룰스퀘어
충북 진천군 이월면 진광로 928-27
홈페이지
https://www.rootsquare.co.kr/

시호재&시차
경북 칠곡군 석적읍 망정1길 11-21
https://blog.naver.com/sicha11-21

미지의
울산 울주군 상북면 송락골길 130
https://www.migiui.com/

오초량
부산 동구 고관로13번나길 22 1층
https://blog.naver.com/ochoryang

| 정원 관련 센터 리스트

* 서울

	지역	시설명	주소	전화번호	운영
1	남산	정원문화힐링센터 (가드닝라운지)	용산구 남산공원길 105	02-2133-9366	금-토
2	서울식물원	숲문화학교 어린이정원학교	강서구 마곡동로 161	02-2104-9782 02-2104-9787	화-일
3	북서울꿈의숲	정원문화힐링센터	강북구 월계로 173	02-2289-4052	화-일
4	보라매공원	정원문화센터 (더 보라)	동작구 신대방동 722	02-300-5574	월-토
5 서울시	월드컵공원	정원문화힐링센터	마포구 하늘공원로 108(상암동)	02-300-5574	화-토
6	서울숲	커뮤니티센터	성동구 뚝섬로 273	02-460-2944	화-토
7	구로구	정원지원센터	구로구 개봉로17길 12	02-860-3077	화-토
8	금천구	정원지원센터 (오미생태공원)	금천구 시흥대로 40길 120	02-806-9419	화-토
9	노원구	정원지원센터 (불암산)	노원구 한글비석로 12길 51-49	02-2116-0598	화-일

	지역	시설명	주소	전화번호	운영
10	도봉구	초안산가드닝센터 (초안산)	도봉구 노해로 66길 98-122	02-2091-3789	화-일
11	동대문구	정원지원센터 (배봉산)	동대문구 휘경2동 배봉산	-	개관 예정
12	마포구	녹색여가센터 (부엉이근린공원)	서울 마포구 가양대로 189	02-3153-9577	프로그램 시
13	서초구	정원지원센터 (매헌시민의숲)	서울 서초구 양재동 201	02-2155-6888	개관 예정
14	성동구	성동가드닝센터	성동구 왕십리로 11길 19	070-4114-6611	프로그램 시
15	서울시 성북구	북악산 정원지원센터 (북악산)	성북구 성북로 31길 126-9	02-2241-3733	월-일
16	송파구	송파정원지원센터	서울 송파구 올림픽로35다길 33	02-2147-3380	프로그램 시
17	양천구	식물쉼터 (오목공원)	양천구 목동서로 159-2	02-2620-4568	화-일
18	영등포구	정원지원센터 (영등포점,문래점,대림점)	영등포구 신길로 275 (영등포공원)	02-2670-3764	화-일
19	종로구	종로정원사의집 (청진공원)	종로구 청진동 70-13	01-2148-2863	월-금
20	중구	정원지원센터 (인현문화마루)	중구 퇴계로41길 30	02-3396-5882	프로그램 시

	지역	시설명	주소	전화번호	운영
1	경기도	일월수목원	경기도 수원시 장안구 일월로 61	031-369-2380	화-일
2	경기도	영흥수목원	경기 수원시 영통구 영통로 435	031-369-2390	화-일
3	경기도	신구대학교 식물원	경기도 성남시 수정구 상적동 적푸리로 9	031-724-1600	화-일
4	인천광역시	송도가드너교육센터	인천 연수구 송도바이오대로2 40번길 12	032-456-2860	프로그램 시
5	세종특별자치시	국립세종수목원	세종특별자치시 수목원로 136	044-251-0001	화-일
6	충청북도	충북 정원교육센터	충북 청주시 상당구 미원면 수목원길 51	043-295-6745	화-일
7	충청남도	천리포수목원	충남 태안군 소원면 천리포1길 187	041-672-9982	월-일
8	전주시	전주정원문화센터	전북 전주시 완산구 메너머4길 11	063-281-8647	화-일
9	순천시	순천시정원지원센터	전남 순천시 국가정원 1호길 162-11	061-749-2733	프로그램 시
10	담양군	국립정원문화원	전남 담양군 금성면 금성리 산 96번지	061-380-1200	화-일
11	울산광역시	울산정원지원센터	울산 중구 태화동 940	–	개관예정
12	춘천시	국립정원소재센터	강원도 춘천시 신북읍 상천리 상중도 일원	–	개관예정

주석 ○ ───────

1) 마크 헤이머(Marc Hamer)의 《봄비와 정원사(Spring Rain)》(산현글방, 2024)에서 차용.

2) Stigsdotter, U. A., and Grahn, P.,2004, A garden at your doorstep may reduce stress-Private gardens as restorative environments in the city, Proceedings Open Space-People Space, Scotland.

3) Ulrich, R. S. (1984). View through a window may influence recovery from surgery. Science, 224(4647), 420-421.

4) Ulrich, R. S., et al. (1991). Stress recovery during exposure to natural and urban environments. Journal of Environmental Psychology, 11(3), 201-230.

5) Soga, M., Gaston, K.J., & Yamaura, Y. (2016). Gardening is beneficial for health: A meta-analysis. Preventive Medicine Reports, 5, 92-99.

6) Li, Q., Kobayashi, M., Kumeda, S., Ochiai, T., Miura, T., Kagawa, T., ... & Kawada, T. (2009). Forest bathing enhances human natural killer activity and expression of anti-cancer proteins. International Journal of Immunopathology and Pharmacology, 22(1), 117-127. https://doi.org/10.1177/039463200902200110

7) 산림문화·휴양에 관한 법률 제2조(시행 2021. 11. 16., 법률 제17942호)

8) 국립산림과학원

9) "Earth has no sorrow that earth cannot heal."- Thomas Moore(1779~1852)의 시 〈Come, Ye Disconsolate〉 중 "Earth has no sorrow that heaven cannot heal." 문장의 자연치유력을 강조하기 위한 글 등에 변형되어 자주 인용된다.

10) 수목원·정원의 조성 및 진흥에 관한 법률(약칭: 수목원정원법) [시행 2024. 7. 3.] [법률 제19882호, 2024. 1. 2., 일부개정]

11) 《작은 씨앗을 심은 사람들(Seedfolks)》, 폴 플라이쉬만, 김희정 옮김, 청어람미디어, 2001

12) 김범준, 김현민, 이승준, 김동환, 〈도심 녹지 비율과 시민 행복도의 상관관계 분석〉, EPJ Data Science, 2022; IBS 보도자료, https://www.ibs.re.kr/cop/bbs/BBSMSTR_000000000511/selectBoardArticle.do?nttId=20019

가든 타임

단단한 삶을 위한 시간

1판 1쇄 발행 2026년 2월 10일

지은이	이소원
펴낸이	박선영

편집	이효선
마케팅	권혁주
영업관리	박혜진
디자인	씨오디
발행처	퍼블리온
출판등록	2020년 2월 26일 제2022-000096호
전화	02-3144-1191
팩스	02-2101-2054
전자우편	info@publion.co.kr

ISBN 979-11-91587-84-5 03300

※ 책값은 뒤표지에 있습니다.